文庫ぎんが堂

眠る前5分で読める
心がスーッと軽くなるいい話

志賀内泰弘

はじめに

今日も一日、お忙しかったでしょうか。

生きていると、いろいろ苦労や悩みもあります。

泣きたいときもあるでしょう。

愚痴を言いたいときもあるでしょう。

そういう私も、たくさん辛い経験をしてきました。そんなとき「ちょっといい話」に癒やされ、励まされました。


小学校で音楽専科の教師をしている、三重県鈴鹿市の長岡むつみさんからうかがったお話です。

ある年の冬のこと。長岡さんは茨城県の小学校での学習公開研修に参加するため、上京しました。

池袋駅からメトロに乗ると、通勤ラッシュのため車内はすし詰め状態。外は雪が降っていましたが、車内は暖房で汗ばむくらい暑かったそうです。

そんななか、若いお母さんが「だっこひも」で赤ちゃんを抱いていました。

赤ちゃんは、人ごみと暑さでぐずり始めます。

こういうとき、お母さんは気の毒。まわりの乗客の視線が突き刺さるようです。誰も文句は口にしないけれど、中には眉をひそめる人も。


お母さんは、申し訳なさそうにして、小さな声で歌をうたってあやしました。

「ぞうさん、ぞうさん♪」

そして、続けて「かえるの歌が～」と歌い始めたときのことでした。長岡さんは、無意識につられて、「かえるの歌が～」と、ひと節ずれて小声で歌ってしまいました。

それを見て、お母さんは長岡さんに、ペコッと小さく頭を下げられました。

「まいごのこねこちゃん♪」


さて、話はここで終わりません。

そのお母さんの後ろに立っていたサラリーマンの男性が、歌い始めたのです。

「かえるの歌が～」

と。またまた、一フレーズずれて。三人の輪唱は続きました。
そして、そして……三人の輪唱とともに、混雑する同じ車両に居合わせた人たちに、笑顔がフワ～ッと広がったのでした。

誰もが忙しくてたいへんな毎日を送っています。
すると、ついつい心がトゲトゲしくなります。
そんなとき、ちょっとだけでいいから、心を「いっぷく」させると元気が出てきます。
こころにビタミンを補給するように。

長年にわたって取材してきた、とびきりの「こころのビタミン」をご用意しました。
明日もいい日でありますように。
明日こそ、いい日でありますように。

第二章　**きらきら**輝く、あの人の「いい仕事」

第三章　その過去が**明日の元気**になる

第四章 心に〝ぽっ〟と勇気が灯る、いい話

第一章

「ありがとう」があふれるいい話

スターバックスは心の保健室

27年間連れそった妻をがんで亡くしました。夫婦二人三脚で6年間治療を続けました。それはもう筆舌に尽くしがたい毎日でした。

とくに最後の1年半は、24時間看病介護で付きそいました。

真夜中に「起きてる?」「痛いよ~」「淋《さみ》しい」と訴え、時に泣きながら、時に狂ったように吐き出す話を聞きながら、明け方まで身体のマッサージをしました。


そのうち、私自身の体調にも異変が起きます。

聴覚異常、胃腸障害、長期の原因不明の微熱と自律神経系の症状が日常化します。

それでも、妻の食事の用意をしなくてはならず「なんとか少しでも口に入る物を」と、スーパーやデパートを駆け回るのが私の主な仕事となりました。

「息抜きもしないと自分が倒れるよ」と友人からアドバイスを受け、買い物帰りに20分間だけ近所の喫茶店に立ち寄り、好きな読書をしました。

「ごめんね、少し遅くなるよ」と心の中で妻に詫《わ》び、文庫本とコーヒーを楽しみます。

時計をチラチラ眺めながら、「もし、この20分間にカミさんに何かあったら……」という不安を抱きつつ。


ついには私自身、身体が言うことを聞かなくなり、コンビニへさえもタクシーで出かけるようになりました。

「明日の朝、自分が先に冷たくなっていたらどうしよう」

と、真夜中に妻の背中をさすりながら不安にさいなまれたものでした。


やがて、最期の日が訪れました。

妻を見送ると、私を襲ったのは「空虚」でした。何もする気が起こらないのです。

ほとんどの仕事や人間関係を断ち、ただ妻のためにだけ生きてきました。

心も荒み、人と話すと、ひどいことを口にしてしまう。まさしく廃人のようでした。


告別式の翌朝のことです。家から歩いて20分ほどのところのスターバックス コーヒー名城《めいじょう》公園店に出かけました。２週間ほど前にオープンしたことは知っていましたが、その時、妻は既にホスピスに入院中。

名城公園は二人でよく散歩した場所です。

本当は、一緒に行きたかった。そこへ一人で向かいました。

スターバックス ラテを注文し、緑の見える大きなガラス張りの一人がけの椅子席に座りぼんやりとすごしました。

癖で何度も何度も腕時計を見てしまいます。

気が付くと、一時間半が経っていました。私はがく然としました。

「ああ、家に帰らなくてもいいんだ。あいつはもういないんだから」と。

一日24時間を自分のためだけに使っていい人生。

それが幸せなのか不幸なのかわからないのです。

でも、一つはっきりと言えることがありました。

「なんて居心地の良いお店なんだろう」

翌日から、毎日、その居心地の良さを求め名城公園店に通い始めました。

でも、「こんにちは」と言われても、精神が不安定で、普通に返事することさえできないほどでした。


ひと月ほどが経ったある日のことでした。レジで一人のパートナーさん（スターバックスではスタッフのことをそう呼ぶ）から言われた言葉にハッとしました。

「キレイな色ですね」


萎えた自身の心を励ますために買い求めたピンクのシャツでした。

正直、こんなにうれしいと思ったことはありませんでした。私が照れてほほ笑むと、トビキリの笑顔が返ってきました。なんて素敵な笑顔なんだろう！

見回すと、他の二人のパートナーさんも弾けそうな笑顔でした。

ただ、それだけのこと。でも、その「笑顔の一言」がきっかけで、私はパートナーさんたちの言葉に注意を払うようになりました。

「バンダナ似合いますね」「今からお仕事ですか」「暑いですね」

「いつもオシャレですね」「寝不足でボーッとしててごめんなさい」

「今日は混み合っていてすみません」「日曜日はどこか行かれましたか」……。

その一つひとつに心が解きほぐされるのを覚えました。

以前から、スターバックスの接客にマニュアルがないことは耳にしてはいましたが、あまりにも声がけされる「言葉」のバリエーションが多い。

それに驚き、何人かのパートナーさんに尋ねました。

「お客様にどう話しかけるか、上の方からお手本みたいなものを指示されているんですか」

答えはいずれも「いいえ」でした。

半年ほどしたある日の出来事です。レジの前に立つと、「あっ、久し振りにお目にかかった気がします」とNさんに言われました。30歳の主婦のアルバイトさんです。

「いつものでよろしかったですか?」

いつものとは、「スターバックス ラテのホットでショートのフォーム(泡)なし」のことです。

「い、いや……実はお腹の調子が悪くて、1週間ほどコーヒーやカレーなどの刺激物をひかえていたんです。それでこられなくて」

すると、

「では、ディカフェにされてはいかがですか？」

と言われました。

「え？　それなんですか？」

ディカフェとは、カフェイン抜きのことだといいます。

「ぜひ！」

おかげで、また毎日こられるようになりました。

その翌日も、他のパートナーさんに「いつものでよろしかったですか？」と尋ねられて
「ディカフェのラテの……」とお願いし直すようになりました。

3日も経つと私の顔を見るだけで、ほとんどのパートナーさんから「ディカフェですね」と先回りして言われるようになりました。

さらには「早く良くなるといいですねぇ」とも。

話はここで終わりません。それから2週間ほどして、かなりお腹の調子が戻ってきました。そこでレジに立つなりパートナーのMさんに「ラテお願いします」と注文しました。

すると、

「え!?　ディカェですよね」

「いいえ、今日は普通のコーヒーでラテにしてください」

「あっ！　お腹の具合が治られたんですね、よかった！」と我がことのように喜んでくれたのです。

その日の午後、もう一度お店に立ち寄りました。今度はKさんが私の顔を見るなり「お腹治ったそうですね！　聞きましたよ」と笑顔で声をかけてくれました。

目頭が熱くなり、ポッと胸の内に明かりが灯りました。

「死のう」とは思わないけれど、「生きる」気力もなくただボーッとして過ごしていた私。テレビを見ていたり、スーパーで買い物をしたりしていても、突然降って湧いたかのような淋しさに襲われてパニックにおちいる日々。

それが、こうして癒やされていったのです。

気がつくとスターバックス コーヒー 名城公園店は、私にとって心の保健室のような存在になっていました。

不登校の子どもが、保健室までなら行くことができるように。

どうして、居心地がいいんだろう？

スターバックス コーヒー 名城公園店は大学生などの若いパートナーさん中心のお店です。マニュアル本位、いやそのマニュアルさえもできないチェーン店がほとんどのなかで、「なぜ、そんなことができるのだろうか」と疑問は募るばかりです。

店長の和田直子さんに「居心地の良さ」の秘訣《ひけつ》を尋ねました。私はもともとスターバックスファンで、出張先でもスターバックスによく立ち寄ります。でも、ここは特別に良い気がするのです。

しかし、微笑んで「ありがとうございます、光栄です」としか答えていただけません。さらに「どんな指導をされているんですか？」と突っ込んでも「う～ん、別に」と、また微笑まれました。

そんな暮れも押し迫ったある日。たまたま和田さんとゆっくり話をする機会に恵まれました。彼女はその時、何やら元気のない学生アルバイトさんのことが気になり、相談に乗ってあげているとのことでした。

「大勢いるパートナーの、一人ひとりのプライベートまで悩みを聞いていたら大変でしょう」

と言うと、こんな返事が返ってきました。

「私は、パートナー一人ひとりに幸せになってもらいたいのです。悩みがあれば、話を聞き励まし力になりたい。

学生が多いので、まだまだ力不足の人がいる。

そこで留まるのではなく、未来ある人たちの可能性を伸ばしてあげたいのです」

二人の幼いお子さんを育てながら、旦那さんの応援のもとに働いている。早朝・夜間の勤務もあります。本当は自分のことで精一杯なはずです。

そんななか、名城公園店は、彼女が開店準備のゼロの段階から携わったお店でした。オープン時から働いているアルバイトは、彼女が直接面接を行って採用した人たちと聞いていました。だから、よけいに仲間たちの幸せをも願うのでしょう。

よく「お客様第一」といいます。お客様のために最善のおもてなしをするのは当然のことです。でも、お客様第一主義が行き過ぎると、ブラック企業と呼ばれるようになってしまうことは、昨今問題になっている通りです。

まずは職場の仲間みんなが幸せになれること。働く人自身が「ああ、幸せだ」と思えなければ、お客様を幸せにできるはずはない。いや、いっとき、その瞬間は笑顔を提供できるでしょう。でも、「私は幸せな人生だ」と言い切れないことには、その笑顔を継続できるはずがない。

以前、読んだスターバックスのことが書かれている本に、「アワー・スターバックス・ミッション&バリューズ」なる行動原則が綴《つづ》られていました。

そこには、**「お互いに心から認め合い、誰もが自分の居場所と感じられるような文化をつくります」**とありました。

彼女の生き方は、まさしくスターバックスさんの行動原則と重なるものであることが、この一言から理解できました。

私は、このときハッとしました。和田さんの「パートナーさん」たちに注ぐ「愛情」が、「居心地のよいお店」という形となって具現化されたのだ。「心」が「形」になったのにちがいないと。
「何かお仕事で心温まるエピソードを教えて下さい」と聞いても、答えが返ってこないのも理解できます。「具体的に、こうしなさい、ああしなさい」とパートナーさんたちへ指示しているわけではないのですから。

「パートナーさんたちはなんて幸せそうなんだろう。仕事が楽しいんだろうな。だから、お客様を幸せにできるんだ。私もこのままじゃダメだ。頑張ろう！」と自分で自分のお尻を叩《たた》き、重い腰を上げて、私は少しずつ立ち直っていきました。

　すると、心にゆとりが生まれたのか、一層細やかな気遣いが目にとまるようになりました。例えば……

①オープンテラスにジョギングを終えた10人くらいの人たちが集まってくると、パートナーTさんが外へ出て、サッと席を作る。
②向かいにある老人ホームのお婆ちゃんに、Kさんが両膝を床に付いて同じ目線で話しかける。

③レジで並ぶと、どのパートナーさんもすかさずメニューを持っていき声をかける。
④セルフ形式なのに、ひんぱんに「そのままトレイいただきます！」と声をかける。
⑤リュックやカバンを持って席に着くと、パートナーさんが荷物置きのラックを小走りに持っていく。
⑥注文をしたあと、トイレに行って戻ってきたお客様に、パートナーさんが「冷めてしまったので作り直します」と言い、作り直した。
⑦出て行ったお客様が扉を開けっ放しにした。寒いので扉を閉めに行くと、パートナーMさんに笑顔で「私達の代わりにお気遣いありがとうございます」と言われた。

どれも特別のことではありません。でも、これらのことを実践できているお店がどれほどあるでしょうか。

さらに、気づいたことがありました。クレームどころか「バッド」が思いあたらないのです。自慢ではないけれど、私は学生アルバイトさんよりも、名城公園店に滞在する時間が長い。なのに、「バッド」が見あたらない。

さらに、滞在中、他のお客様がクレームを訴えているシーンに一度も出会ったことがありませんでした。

そうなのです。「サプライズ」のような大きな感動エピソードがあるわけではないけれど、当たり前のことが、当たり前にできている。

いいや、誰もが真似できないくらい、当たり前のことが当たり前でないほどにできているのです。それがジンワリと心を癒やしてくれるのです。


最後にもうひとつ。

うだるような猛暑の昼下がりのことです。席に着くなり携帯が鳴りました。慌てて店の外へ出て電話を受けます。すぐに済むと思ったら、大きな相談事でした。30分以上も炎天下で話をしました。汗だくで店内に戻り、椅子に座ってビックリ。テーブルの上に、紙コップに入った氷水が！

振り向くと、カウンターの中でNさんがこちらを向いてニッコリ手を振っていました。私は、思わず右手を握り締め、親指を立てて「Ｇｏｏｄ Ｊｏｂ！」と答えました。

また一つ、明日への元気をもらいました。

三代目のワシワシ

私の家の前は床屋さんです。

物心ついたときから、もう50年以上も通っています。幼い頃は、店主のお爺《じい》ちゃんに刈ってもらっていました。たいへん無口な人だったというくらいしか、記憶がありません。

小学校に入ると、その息子さんに刈ってもらうようになりました。その頃、少年マガジン、少年サンデーを読むのが楽しみで、順番がきても散髪の椅子まで持ってきてチョッキチョキとやってもらいながら、夢中で読みふけりました。

「はい、終わり」

と言われても、まだ読んでいる。「仕方がないなぁ」という顔つきで、「持っていってもいいよ」と言われ、そのまま借りて家に持ち帰ったら、母親に叱られてしまいました。

たぶん、ご近所では「勉強せず、マンガばかり読んでいる」とウワサされていたことでしょう。

私はファッションに無頓着《むとんちゃく》なせいか、子どもの頃からほとんど髪型が変わっていません。七三には分けるものの、ポマードもヘアトニックも付けないので、せっかく床屋さんに行っても翌朝にはボサボサになっています。

一応、「今日はどうしましょう」と訊《き》いてくれるので、「いつもと同じ」と答えます。一度も染めたり、パーマをかけたりすることもなく、長髪やテクノカットとも無縁でした。

10年ほど前のことです。三代目を継ぐ長男が修業を終えて帰ってきました。早速、刈ってもらおうと楽しみにしていましたが、なかなか仕事を任せてもらえないようです。お父さんがハサミを使っている間じゅう、すぐ後ろで案山子《かかし》のように直立不動です。

その姿が、目の前の大きな鏡に映ります。「退屈だろうなあ」と気の毒になります。でも、暇だからといって、けっしてソファで漫画を読んでいたりはしません。

そのことが清々しく思えて、

「修業に行っていたお店で、従業員は座ってはダメと教わったのですか」

と、後ろの三代目さんに聞こえるように尋ねました。すると、

「そういうわけではないのですが……」

と、歯切れの悪い返事。父親の前で、気をつかっているのでしょうか。

「疲れるでしょ、座ってください」

と言うと、意外な言葉が返ってきました。

「いえ、それもあるのですが……父の後ろに立って、お客様のヘアスタイルを覚えているんです」

「……ああ、なるほど」

と感心して言うと、じつは他にも覚える方法があるのだといいます。


それは、シャンプー。

床屋さんでは、カットした細かい髪の毛を洗い流す意味もあり、散髪を終えた後でシャンプーしてくれます。その際、お客様の頭をワシワシとやりながら、残った髪の量を手のひらで覚えるのだそうです。

「この人は、後ろを刈り上げていて、ココの部分の髪が少ないな」

とか、

「だいぶんてっぺんが薄くなっているので、あまり上部は刈らないんだ」

とか。そして、初めて常連さんの頭を刈らせてもらうことを許された日に、それまでシャンプーをしてきた「手のひらの記憶」が役に立つというのです。

だから……今は、ただ後ろで父親の仕事を見ているだけ。

美容師でも理容師でも、シャンプーというのは下働きの嫌な仕事を押し付けられているものだと思い込んでいたからです。

驚きました。

それが、一人前になるための大切なステップであるとは！

下積み、そして下働きというのは、無駄ではないのですね。

でも、普通の人でも、床屋さんに行くのは1、2カ月に一度です。その間に、「手のひらの記憶」を忘れてしまうことはないのでしょうか。

その疑問を察してか、三代目は、さらに教えてくれました。

「一日が終わってからノートに書き留めるんですよ。いつ任されてもいいようにね」

不確実な、当てのない努力を続けるのは難しいものです。

でも、それを続ける人と、そうでない人とに差が生じるというのです。

それから何カ月か後のことです。初めて、三代目に刈ってもらうことができました。二代目の許しが下りたのです。最初に、

「髪型は、いつもと同じでよろしいですか」

と訊かれました。私は、すかさず、

「はい、いつも通りで」

と答えました。


……後日談。

ずっと、三代目にお世話になっています。今でも、

「いつもと同じでよろしいですか」

「いつも通りで」

という会話は変わりません。一度も、他の床屋さんに「浮気」をしたことはありません。

いちいち、「こうして欲しい」と説明するのが面倒だからということもあります。

でも、それ以外に、もう一つ大きな理由が……。

シャンプーの後で、頭をワシワシやってくれるマッサージが、気持ち良くてたまらないのです。じつに、上手い。もう極楽極楽。

「まだ、あまり髪が伸びていないけど、マッサージしてもらおう」と、疲れている時に散髪してもらいに行くほどです。

「ああ～気持ちいい～」

「ああ、ああ、あ～」

と、ため息まじりに口にすると、

「そんなこと言われたら、止められないじゃないですか」

と笑って言われます。

私としては、それも計算のうち。本当なら、毎日、別途お金を支払ってマッサージにきたいくらいなのですから。

私は、ひそかに思っています。このワシワシの上手さは、あの下積み時代のシャンプーで鍛えられたものに違いないと。

清流の町の中学生

通信社に勤める友人・田中賢志さんと、ときどきコーヒーブレイクで情報交換をしています。

何年か前のことです。志賀内が、いつも口癖の「いい話ありますか？」「スゴイ人を知りませんか？」と尋ねると、すかさず「ありますよ！」とニコリ。

「なになに？」と詰め寄ると、「後で書いて送るね」と言われました。

それは、志賀内がまさしく探し求めている話でした。

昨年8月に、夏休みを取って、妻と2人でレンタカーを借り、四国各地をドライブしました。そのときの話です。

しまなみ海道から松山に入り、道後温泉で1泊。翌日は四万十川の方を回って高知に向かうことにしました。速度のある車の窓から眺めるだけではもったいないほど、夏の午前の緑と四万十の清流は美しく、私と妻は、せっかくだからと車を置いて、レンタサイクルを借り、２人で川沿いをサイクリングすることにしました。

ＪＲ江川崎駅で自転車を借り、夏の風を切って走り始めました。

走り始めてすぐ、最初の橋を渡っていたときです。私は橋の上から眼下の四万十川の流れを眺めながら走っていたのですが、正面から向かってきた自転車に乗った男子中学生が、すれ違いざまに大きな声で、

「こんにちは！」

と、私たちに声をかけて行ったのです。

突然のことであり、私は清流に目を奪われていたので、ちょっと驚いてしまい、返事をすることができませんでした。

しかし、その後からやってくる男子生徒も女子生徒もみな、

「こんにちは！」

と元気にあいさつしていくのです。

道路の私たちと同じ側を走ってすれ違って行く生徒も、道路の反対側を走って行く生徒も、みんなです。

最初は当惑していた私と妻も、自転車をこぎながらあいさつを返し始めました。

「四万十川を見に各地から観光客がやってくるから、きっと学校で『きちんとあいさつしよう』って言われてるんだろうね」

と、妻と話しました。

しばし走っていると、日頃の運動不足もたたってか、だんだん疲れてきてペダルを踏む足が重くなり、スピードが落ちてきました。

すると、後ろから自転車で近づいてきた生徒までが、

「こんにちは！」

と言って追い抜いて行きました。

また、道幅が広い場所で、ずっと向こう側を走っている生徒も、わざわざ大声を出して去って行くのです。

後ろから追い抜くときとか、ずっと向こう側を走るとき、そんなときまでわざわざあいさつしなくてもよさそうな気もします。しかし彼ら（彼女ら）は、きっとそれが普通のこと、当然のことになってしまっているのでしょう。

何か気恥ずかしく思いながら小声で返事をする私と妻のことなど、特に気に留める様子もなく、

「こんにちは！」

と明るく言って走り過ぎて行きます。


都会ではまず見かけない場面です。かといって、誰もとても真似できないほどとてつもなく大変なこと、というほどでもありません。

しかし、自転車に乗る少し前、ある店に立ち寄ったとき、その店のおばさんからまるで客でないような扱いをされたため、私と妻はちょっと不愉快になっていました。

そんな気持ちはすっかり消えて、木々の緑も四万十の清流も一層美しく見えて、

「また四万十に来たいな」

と思いました。

追伸
地図で見ると、ＪＲ江川崎駅の近くに四万十市立西土佐中学校があるので、おそらく同校の生徒かと思われます。

一読後、志賀内も地図を広げて調べてみると、近くには一つしか中学校がありませんでした。

そこで、思いきって西土佐中学校へ電話してみました。最初、職員の方が出られ、事情をお話しすると校長先生に代わられました。

すると、第一声が！

「ありがとうございます。じつは、毎年、夏休みが明けると、このようなお電話や手紙がたくさん学校に届くのです。また、近くに宿泊施設があるのですが、そこに泊まられた観光客の方々から『お宅の生徒は立派ですね』と褒めていただきました。生徒たちが地域の清掃活動を自発的に行っており、それをご覧になられてのことです。うれしいことです」

当たりました！

田中さんが体験されたのは、「たまたま」ではなかったのです。「いつも」だったのです。

あいさつだけでなく、掃除まで。

日本一の清流で有名な四万十の町の中学生は、心まで清らかでした。

ただ、お父さんがお前を思っていることを伝えたいのです

お酒のせいもあったのでしょうか。ある宴席でのこと、たまたま隣席した友人・加藤太伸さんが問わず語りにこんな話を始めました。

加藤さんには、二人のお子さんがいます。兄妹です。二人とも、お父さんが会社から帰ると、飛びつくように迎えてくれ、一緒にお風呂に入り、一緒の布団に入ります。寝る前には、必ず同じ絵本を読んでくれとせがみました。その後は、よく「しりとり」をしました。二人は、「お父さんをやっつけよう」と言い、最後が「ら」で終わる言葉ばかり選んで、「ら」攻撃でお父さんをやっつけたと喜んでいたそうです。

ところが、娘さんの様子に異変が起きます。小学5年生になったある日のことでした。

「もうお父さんとは一緒にお風呂に入らない」

と言い出しました。加藤さんは、どうにも淋しくてたまりません。

でも、「よくここまで成長したなぁ」と思いました。

中学生になると、さらに大きな変化がありました。加藤さんを避けるようになったのです。そばにいて、よそよそしい。以前のように可愛がりたい。そう願えば願うほど、娘さんとの距離が遠くなっていきました。

それが高校生になるとエスカレートしていきました。加藤さんと会わないようにしているのが見て取れるほどに。どうしても家族で出かけなければならないときには、不機嫌そうにしています。腹が立ち、叱ります。それがきっかけでケンカに発展してしまい、娘さんは自分の部屋にこもってしまうこともありました。

一軒の家に住んでいるのに、娘さんは顔を合わせようとしません。加藤さんが帰宅すると、車の音が聞こえたとたんに自分の部屋にこもってしまうのでした。

ショックだったのは、お風呂です。あれほど一緒に楽しく入っていたのが、加藤さんが入ったお湯を全部流して入れ替えるのでした。

ここまでは、ひょっとすると、世界中どこにでもある父と娘の笑い話かもしれません。でも、さらに続きがありました。

高校3年生のとき、「地元の大学に行ってほしい」と言うと、こんな言葉が返ってきて愕然《がくぜん》とします。

「お父さんと同じ空気は吸いたくない」

勝手に東京の大学に決めてしまい、家を出て行きました。


加藤さんは、淋しくて淋しくてたまりません。でも、これほど避けられると、どうすることもできない。悶々《もんもん》とする日々を過ごすなか、知りあいのこんな話を耳にします。

その人は、家業を息子さんに継いでもらいたいと思っていたそうです。

ところが家を出たまま帰ってこない。電話にも出ない。

そこで、ハガキを毎日書くことにしました。別に特別のことは書きません。

「元気か？」という程度です。

でも、毎日毎日書き続けたら、なんと家に戻って仕事を継いでくれたというのです。


加藤さんは、すぐさまハガキを買いに行き、最初の一枚にこうしたためました。

「これから毎日はがきを書きます。返事はいりません。ただお父さんがお前を思っていることを伝えたいのです」

毎日毎日、書きました。それは、歯みがきやひげそりのように生活の一部になりました。

でも、返事はありません。電話の一本さえも。

やがて季節が過ぎ、冬になりました。ある日、用事で奥さんと一緒に上京することになりました。嫌がられるのは承知で「会いたい」と連絡しました。

すると、娘さんから返事があり、1年ぶりに会えることになりました。

そして、「バイトがあるから、8時に渋谷のハチ公前で」という知らせ。

田舎の娘が東京で一人暮らしている。正直、夫婦とも心配でたまりませんでした。そこへ、こんなメッセージです。新幹線のなか、夫婦で、良くない想像をしてしまいます。

「ひょっとして男ができたのでは……」

「誰かに、だまされているんじゃないか」

待ちあわせの時間まで、不安は募るばかりです。そこへ娘さんが現れました。

ホッとしました。一人だったからです。

「どこかお店へと」と歩き出そうとしましたが、「ちょっと待ってね」と言います。

(やっぱりか……)

「きっと男が現れる」と感じました。もう心臓が弾けそうです。

そして、8時ちょうど。娘さんが、言います。

「ほらあれ」

と、駅前のビルの壁にある、大きな電光画面を指差して。そこに文字が流れました。

「おとん、おかん、迷惑かけてごめんなさい」

加藤さんは涙があふれてきました。一瞬で何も見えなくなるほどに。

娘が父親の気持ちを受け止めてくれたという喜び。成長してくれたという安堵《あんど》。

それらが入り交じって言葉が出ませんでした。

加藤さんは、その後も娘さんにハガキを書き続けました。その数は卒業するまでに、1700通を超えました。ついに最後まで返事は届きませんでした。

でも、ときおり、帰省することがあると、

「お父さんの日記……」

と言い、冊子を渡されます。こちらから送ったハガキを日付順に並べ、ガムテープでとめて1冊の本のようにして持ってきてくれるのでした。

その後、娘さんは「戻ってきて欲しい」という願いもむなしく、東京で有名企業に就職しました。

３年が経ったある日、「転職する」と言い出しました。相談もなく、事後報告です。その会社名を耳にして反対しました。それは世間で「ブラック企業」とウワサされるような、労働環境が厳しい会社だったからです。

すると、娘さんは言いました。

「父さんがハガキに書いてきたでしょ。会社を選ぶな。自分を高めてくれる仕事を選べって。今の会社では、自分の力を試す機会がないの。勉強しろって言わないの。次の会社は、日々努力と成長求めてくる会社なの。確かに外から見たらブラックかもしれないけれど、常に勉強して成長していく仲間が集まる会社なのよ」

そう真顔で言う娘さんに、加藤さんは一言も言い返せなかったそうです。

加藤さんもはっきり覚えていました。

「楽な道を選ぶな。厳しいけれど楽しめる道を選べ」と書いたことを。

「困り顔」をしつつも、加藤さんのうれしい気持ちが伝わってきました。

さて、後日談です。娘さんは、その新しい会社で「やりがい」を見出し、グループのリーダーとなって活躍しているそうです。職場で出会った男性と結婚もしました。

今では、旦那さんと一緒に「里帰り」してくれるそうです。

100日間の手紙

「字てがみ」というものをご存じでしょうか。

「絵手紙なら知っている」という人も多いことでしょう。

ハガキに、筆で一文字だけデ～ンと大きな「字」を書きます。たとえば、「愛」と。

そして、端っこに小さな文字で「普段言えないから……」と添える。

たったそれだけだけど、心が伝わる。文字は下手くそでもかまわない。いや、下手な方がその人の個性が滲《にじ》みでて味わいがある場合もあります。

「字てがみ」の講師・長谷川喜千《よしかず》さんのお話です。


長谷川さんは、北海道は名寄《なよろ》市の生まれ。横浜の大学へ行き、卒業後は自動車メーカーに勤めて仕事に邁進《まいしん》していました。

55歳のとき、ふと立ち止まって我が道を振り返りました。すでに父親は亡くなり、故郷には78歳になる母親が一人で暮らしています。

「今まで親孝行らしいことをしてこなかった」ことに気付いたそうです。

ちょうど、その時でした。「字てがみ」というものに出逢《であ》いました。大阪に本部のある「日本字てがみ協会」の高嶋悠光《たかしまゆうこう》会長に「筆無精の人でも書けますよ」と言われ、母親に一枚のハガキを書いたのです。

真ん中に大きな文字で、**「雨」**と。

晩秋の11月のことで「寒いよ」と小さな文字を添えました。長谷川さんはそのハガキをポストに投函《とうかん》した後で、母親に電話をしました。

「これから毎日、書くから受け取ってね。100日。でも返事はいらないよ」

母親から3日目に電話がかかってきました。

返事はいらない、と言ったのに、「ありがとう」と。

母親に「ありがとう」の気持ちを込めて送ったのに、「ありがとう」と言われて嬉しくなりました。

ある日のハガキ。**「遠」**

幼い頃、病弱だった長谷川さん。遠足に行けなくて家で寝ていたとき、母親がいろいろ話しかけてくれたことを思い出しての一枚。

「疲」

父親の法事の後、疲れていないかと心配しての一字。これには、「こわくないかい」という文字が添えられています。「こわい」とは、「体がえらい、しんどい」の方言だそうです。

こんなのも。**「食」**

やはり食が細かった子どもの頃、何度も何度も少しずつ食べさせてくれた母親のことを思い出しての一枚。「すこしだけ…」と書かれてあり、きっと母親に気持ちが伝わったことでしょう。

すこしだけ…
食

１００枚が近づいた頃、母親から電話がかかってきました。「ずっと続けなきゃだめだよ」というのです。

母親は、ご近所の人たちにハガキを見せていたのでした。「明日は、どんな文字がくるだろう」などと、みんなでクイズをしたりするまでになっていたのです。

母親は、友達やご主人との思い出も多い名寄を離れたくなかったそうです。でも、長谷川さんから何度も同居を勧められていました。毎日届くハガキに背中を押され、それから4年後に愛知県豊田市に引っ越しました。

それまでの間、ずっとハガキは届けられました。

その後、86歳で母親が亡くなり遺品の整理をしていたときのことでした。一つの桐《きり》の箱が出てきました。

ふたを開けて驚きました。そこには、長谷川さんが母親に宛てて書き綴ったハガキが、日付順にきれいに収められていたのです。

その数なんと1825枚。そのハガキを手にして、長谷川さんは流れる涙を止めることができなかったと言います。


母親を愛する気持ちで書いたハガキ。

その愛を受け止めてくれた母親の気持ち。

長谷川さんは言います。


「たった一枚のハガキで、人は笑顔になれます」


「字てがみ」なら、たぶん宛名を入れても3分もかかりません。筆ペンでサッサッと。上手くなくてもいい。

あなたも故郷の両親に、ハガキを書いてみませんか。同居している両親に書くのもいいですよ。

面と向かって言えない「ありがとう」も、ハガキなら言えるかもしれません。

長谷川さんは、今、中日文化センターなど10か所で講座を持ち、150名の生徒さんに「字てがみ」の魅力を伝えています。

恥ずかしい話

ものすごく恥ずかしいお話をさせていただきます。読者の皆さんのお叱りは承知で、自戒を込めて思い切ってペンを取りました。

友人のお祝い事が続きました。一人は初めての子どもの誕生。女の子です。もう一人は、勤め先での課長昇進の知らせです。

二人にお祝いを贈るために、デパート内の紅茶専門店に出かけました。あまりにも種類が多く、「どれにしようかなぁ」と迷ってしまいました。相談に乗ってもらおうと、女性の店員さんに声をかけました。

ところが、です。二度呼んだのに返事をしません。少々ムッとしました。三度目にちょっと大声で「すみません！」と言うと、ようやく近くに来てくれました。でも、何だかボーッとしているのです。覇気《はき》がないというか、人の話を心そこにあらずという感じ。笑顔一つ見せません。何か他のことを考えていたのでしょうか。

最近、どこに行っても、挨拶さえきちんとできないスタッフが実に多い。世の中全体にサービスの低下を感じていた矢先のことでした。

二人の友人宛にしたためた手紙を同封してもらおうと準備をしてきました。誤って逆の包みに入ってしまったら大変です。以前、そういうトラブルを体験したこともあり、何度も、「大丈夫ですね」と確認をして発送をお願いしました。

私は、他にも買い物をしてから、帰宅しようと地下鉄の駅の階段を下りながらモヤモヤしていました。先ほどの接遇態度の悪い女性店員の顔が頭から離れないのです。何かが心に引っかかる。でも、その「何か」がわからないのです。

改札の前まで来たとき、ハッとしました。

(ひょっとして……)

とある事が心の中にもたげました。踵《きびす》を返し、再び階段をかけあがり、デパートの地下一階へと戻りました。

そして迷いに迷ったあげく、デパートに電話をして、紅茶専門店のマネージャーさんにつないでもらいました。すると、40歳くらいの女性が電話口にでられました。

「すみません。二時間ほど前にお宅のお店で買い物をした者です。大変つかぬ事をお尋ねしますが、店内にいらっしゃる黄色いエプロンをかけた女性のことです」

「はい、何か不手際がございましたでしょうか」

「い、いえ、そういうわけでは……。ただ、ひょっとしてと気になって……その方は耳がご不自由でいらっしゃるのでしょうか」

「はい、そうです。耳と言葉が少し。申し訳ございません。何かお客様にご迷惑をおかけしましたでしょうか」

電話の向こうから、心配そうな返事が聞こえました。

その瞬間、私は冷や汗が出ました。凍りつきそうなほどの冷たい汗です。

まちがいなく先ほどの私の顔つきは、「サービスがなっとらん」という表情だったことでしょう。彼女は、完全に耳が聞こえていないのではなく、難聴なのだと推測できました。今から思い返すと、話し言葉も、少々たどたどしかったようです。

なぜ、あのとき、その場で気づかなかったのか。気づいていれば、もっと大らかな態度も取れたのに。後悔がどっと襲ってきました。

彼女は、障害を持っているがゆえに、それを他人に悟られないようにと頑張っていたのでしょう。笑顔がなかったのは、おそらく慣れない仕事への取り組みの、「一生懸命さ」の表れだったにちがいありません。

一生懸命であればあるほど、頑張るほどハンディは目立たなくなる。だから、ほとんど健常者と同様に見えたにちがいありません。

罪の意識で押し潰されそうでした。何と言っていいのか……。

「ごめんなさい。きっと、私の不愉快そうな態度は、彼女の心を傷つけてしまったに違いありません」

「……」

「お祝いの品を二つ買った、やせっぽちでノッポの男性が、謝っていたと伝えていただけないでしょうか」

「わかりました。お客様、どうか気になさらないでください」

マネージャーさんの明るい声に、少しだけ救われた気がしました。

「じつは私……今、お宅の店が見える少し離れた場所からかけさせていただいているのです」

「え⁉」

「直接、お店に伺って確かめる勇気がなくて、電話をしてしまいました」

じつは、何度も何度も、お店の前まで行ったのです。いや、前を行ったり来たりしましたが、とうとう入ることができませんでした。

だって……（もしや）と思っても、本人に直接面と向かって「あなたは、耳が不自由なのですか」などと尋ねるわけにもいきません。もし、まちがっていたら大事《おおごと》です。

また、こういうことも考えてしまいました。

もし障害をお持ちだったとしたら、「同情して欲しくない」と思われるかもしれません。謝りに行って、反対に彼女を傷つけてしまう恐れもあります。だけど、このままではいけない。彼女は、私の心ない態度で、傷ついているかもしれない。

（ああ～どうしたらいいんだろう～）

悩んだすえに、柱の影から店の様子を覗《のぞ》きながら携帯電話でかけたのでした。

「彼女のことでしたら大丈夫です」

私を慰めようとしているのか、マネージャーさんは優しく言ってくれました。

「では……頑張ってください……と伝えていただけますか」

「はい、わかりました。ありがとうございます」

「よろしくお願いします」

「このお電話のこと伝えさせていただきます。きっと彼女にとって、何よりの励みになると思います。私たち仲間も、彼女の応援をしていきます」

ああ、なんて素晴らしい仲間なんだろう。私は自分のことは棚にあげ、電話に出てくれたマネージャーさんの言葉に感動しました。

日頃、「プチ紳士・プチ淑女を探せ！」運動の代表として、思いやりでいっぱいの世の中を作ろうと奔走しています。「おもいやり」をテーマに学校や企業で講演もさせていただいています。

ところが、その自分が……トホホです。今回のことで、軽々しく「思いやり」なんて口にできないな、と反省しました。人生の坂道は長くて遠い。まだまだ、です。

モスバーガーとお爺《じい》ちゃん

フランチャイズのファストフード店は、どうしても画一的なサービスのイメージがあります。こんな笑い話がありますね。

あるハンバーガー店で、お客様が「ハンバーガー10個ください」と注文したら、「こちらでお召しあがりですか？　それとも……」と言われたというものです。

マニュアルが悪いわけではありません。でも、マニュアルにばかり頼っていると、「こういう珍事」が起きかねません。

そんな先入観を覆す、ステキなお話を耳にしました。

福岡県北九州市にある、モスバーガー・折尾《おりお》産医大前店（当時勤務）の柴田由紀さんが、モスバーガーの正社員になったばかりの頃の話です。

柴田さんは、高校時代3年間、モスバーガーでアルバイトをしていました。

その後、社会人となり結婚・出産。再び、パートとしてモスバーガーで12年間働き、正社員になりました。

彼女の勤めるお店には、10年以上も通い続けて来られるお客様がいました。必ずコーヒー一杯を注文し、20分ほど新聞を読んで帰られるお爺ちゃんです。

ところが、失礼ながら、ちょっと気難しい。

レシートは不要、砂糖なしでミルクが二つ。氷なしのお水。そして新聞……という具合に、すべての条件がそろわないと不機嫌になるのです。

かといって、あまり親切にしすぎても、「年寄り扱いした」と言われます。

でも、1年ほど経つと、お爺ちゃんの一番心地良い接遇の仕方や心の距離感をつかむことができ、安心して寛いでいただけるようになったそうです。

そして、2年目には、

「ああ、今日もあんたの顔が見られてよかった」

と言ってもらえるようになりました。

それどころか、柴田さんの姿が見えないとキョロキョロと探されるようになりました。

さらに、お爺ちゃんは、お店のスタッフ全員を、「私の孫だよ」とまで言っていただけるようになりました。

柴田さんも、毎日、お爺ちゃんに会うのが楽しみで、一日でも来られない日があると心配になるのでした。

ある大雨の日には、カッパと長靴といういでたちで現れ、

「お休みしたら、あんたが心配するからね」と。

「ああ、心が通じていたんだなあ」と、胸がジーンと熱くなったそうです。

お爺ちゃんが、お店の常連になって数年が経った頃のことです。

「明日から旅行に行ってくる」

と言われ、それ以来、来店されなくなってしまいました。

「えらく長い旅行だなぁ」

「何かあったのでは」

と心配でたまらなくなりました。

そして、半年ほど経ったある日のことでした。

お爺ちゃんが久し振りにお店に現れたのです。

「あっ、お爺ちゃん！」

スタッフはみんな嬉しくなり笑顔でお出迎えしました。お爺ちゃんは、何やら手に大きな箱を抱えています。

「あんたたちが心配するといけないから旅行に行くと言ったけど、実は入院しとったんよ」

と言い、たくさんのケーキをプレゼントしてくれました。退院の内祝いでしょうか。それとも、「孫」であるスタッフたちへの手土産のつもりでしょうか。


さて、そのお爺ちゃん、その後どうされているかというと……。

お年を召され、ヘルパーさんにお世話になっているそうです。それでも、「週に1回病院へ行く日にしかこられなくなった」と言いながらも通ってこられます。

ただし、以前とは違って、「氷なしのお水の量を半分にして」と注文されます。なぜなら、腕の力が衰えて、コップさえも持つのが重たくなってしまったからです。

柴田さんは、

「気を付けて」

見送ったお爺ちゃんの、上下スウェットの後ろ姿を見て、思わず微笑んでしまいました。

おそらく、息子さんの物でしょう。カパカパの大きな紳士靴を履いてこられたのでした。

お爺ちゃんが帰られた後、スタッフのみんなでトイレ掃除をします。お年のせいで、上手く便器に入らないので、外へこぼれてしまうのです。もちろん、来ていただけるのが嬉しくて、喜んで掃除をします。

「今日も会えてよかった」と言い、みんなと笑顔で握手してくれる。

お爺ちゃんの人生のなかに、自分たちとの思い出も詰まっているのかな、と思うと嬉しくなる。

柴田さんは言います。

「これからもお客様が感動してくれるお店を作りたい」と。

フランチャイズだとか、ファストフード店だからとか、そんなことは関係ない。

人と人の間には、温もりがあります。

「おもいやり」の気持ちを込めて接すれば必ず伝わるのですね。

その温もりを大切にするお店が愛される。年齢も性別をも越えて。

そして、そこで働く人たちも幸せになる。

飲食店は、単に食べ物を提供する場所ではないことを改めて学びました。

「いつも見ています。ありがとう」

トヨタ自動車さんで講演研修をさせていただいたときの話です。研修担当の方々がとても熱心で、何度も打ち合わせをしました。私も、心に残る有意義な時間にしたいと思いました。

依頼のあったセクションは、さまざまな異なった仕事をする複数のグループの集合体です。グループごとで仕事の関わりは、ほとんどありません。すると、同じフロアで働いてはいるものの、どうしてもコミュニケーション不足に陥るのだといいます。

「せっかく、一つのセクションで働いているのだから、もっと心がつながる工夫はないだろうか」と相談を受けました。

そこで、こんな試みをすることになりました。

講演会の1か月くらい前から、そのセクションの皆さん全員に呼びかけて、

「職場で助かったこと、良かったこと」

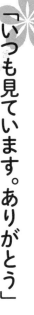

というテーマで、同僚や上司・部下からしてもらった「親切」や「気づかい」をレポートしてもらったのです。

講演の数日前に、その報告がメールで届きました。

あるわあるわ……。こんなにも、というくらいに職場の仲間のことを褒めまくり。

「もう既に、充分にコミュニケーションがはかられているじゃないか」と思いました。

それは例えば、こんな内容でした。

○私が仕事で行きづまったとき、Aさんは、「自分一人で抱え込まないで相談してよ」と言ってくれました。落ち込んでいるときに、「大丈夫だよ」と声をかけてくれたこともあります。うちのチームが明るいのは、Aさんのおかげです。

○Bさんにはいつも企画書の言葉の表現について指導を受けています。そのとき、「こうすべき」というのではなく、「こうしたらどうでしょう？」と、こちらの気持ちを尊重して教えてくれます。

○脇机の椅子が乱れているとき、通りすがりにサッと直して行くCさん。

もっとも、これらは、それぞれのチーム の中でのお話です。そんななか、こんなエピソードが目にとまりました。

◯Dさんはコピー機を使用するとき、コピーを仕損じた紙を入れておく段ボール箱を注意して見ているそうです。箱がいっぱいになったら、片付けるためです。別に、それが仕事というわけではありません。でも、他に誰かが片付けるわけではなく、いつしかそれがDさんの担当のようになっていました。もちろん、Dさんは嫌々やっているのではなく、ごく自然にやっていたそうです。

このお話を、研修の際に取りあげました。そして、Dさんの行動の素晴らしさを、みんなの前で称えようとしました。

すると、ことは意外な展開になりました。そのDさんが、こんな話を始めたからです。

「ある日のことです。『あっ、また仕損じのコピーが溜まっている。そろそろ片付けよう』と、コピー用紙の捨てられた箱の前で屈みました。

すると、何やら段ボール箱の側面に張り付けてあることに気付きました。それは、一枚の付箋紙《ふせん》でした。

（おや？　何か書かれてある……）

そう思って、よくよく目を凝らしてみました。その文字を目にしたとたん、私は涙があふれてきました。どうしようにも止まらなくて、その場で泣き崩れてしまいました。

私の異変に気付いた周りの人たちが、何人も近寄ってきました。

『どうしたんだい？』

『大丈夫か？』

と、声をかけられました。私は、わんわん泣きながら付箋紙を見せました。

そこには、こんなことが書かれていたのです。

『いつも見ています。ありがとう』

名前は書かれていませんでした。でも、その筆跡から誰が貼ったのかすぐにわかりました。Sさんです」

Dさんは、なぜ思わず泣いてしまったのでしょうか。別に、褒められようとして、仕損じたコピー用紙を片付けていたわけではありません。

誰かがやらなくてはならないこと。でも、誰がやるとは決められていない。

それなら、自分がやろう。
ただ、そう決めて、片付けていたのです。
でも、それを**「見ていてくれた」**人がいたのです。それがSさんでした。
たしかに、付箋紙に書いて貼るなんて心憎いですよね。
でも、じつは、じつは……。Dさんがいつもいつも片付けてくれていたことは、部のみんなが知っていたのです。

世の中には、損得勘定を抜きにして行動する人がいます。金銭的な問題を超越して、人に褒められたいからとか、認めてもらいたいからとか、それさえも期待せずに動く人がいます。

人には欲があります。何か与えたら、その見返りを期待してしまうものです。それが普通です。でも、もし与えたのに何もかえってこないと（得にならないと）、ガッカリします。損をした気分になり、裏切られた気になります。

もし、何かを与えても見返りを期待していなければ、そんな不愉快な思いをしなくてもすみます。心が楽になる。一つの達観の境地でしょうか。

「そんなの辛いよ、ちょっと淋しいし」というのも人間の本音です。

でも、大丈夫。誰かがちゃんと見ていてくれる。それを証明するようなホッとするお話でした。


さてさて、この時、研修会場の端から、ポツリと声が聞こえました。

「ああ、やっぱりSさんか」

さらに、何人もの人たちが頷《うなず》いています。私は尋ねました。

「Sさん、どちらにいらっしゃいますか？　もしよろしければ立ってください」

すると、真っ赤な顔をして、照れ笑いした男性が立ち上がりました。研修の司会者に伺うと、Sさんは普段から気配りの達人だそうです。いつも、周りの人たちがスムーズに仕事ができるように気遣いをしているのだそうです。この仕損じのコピー用紙のように、さまざまなグループの垣根を越えて。


トヨタといえばモノづくりのナンバー1企業です。誰もがパッと思い浮かぶのが「かんばん方式」。能率・効率を優先するイメージが強い。

でも、そこで働く人たちは、こんなにも「やさしい」心を持っている。

せっかくの私の講演研修も、釈迦《しゃか》に説法だったようです。

店長たちの報告会（前編）

（株）リウエン商事さんは、ケンタッキーフライドチキンやドトールコーヒーの加盟店を十数店舗も沖縄県で展開しています。それぞれのお店の店長・副店長さんが集まる月に一度の会議では、全員から「いい話」を報告してもらうコーナーがあります。

仕事にまつわることだけでなく、家族のこと、日々の生活で出逢ったことなど幅広いエピソードが披露されます。もう10年も続いており、この試みによって接客の向上や職場の人間関係の円滑化がはかられたとのこと。

「いい話」を見つけようと心がけることで、心のベクトルが明るい方へと向き、知らぬ間に自分も周りの人も幸せになれるようです。

1．お礼状のお礼

那覇市の小禄《おろく》店では、新年になってから、クリスマスにケンタッキーのパーティバーレルをお買い求めいただいたお客様全員に、お礼状のハガキを出しました。全部手書きで名前と住所を書きます。「思い出に残るパーティを演出できたでしょうか？ これからも従業員一丸となってお客様の笑顔のために頑張って参ります」という定型の印刷文の横に、手書きで「ありがとうございました」などと添え書きをしたりもしました。

でも、忙しい仕事の合間を縫って、２００通も書くのは大変です。１００通くらい書いたところで疲れてしまいました。

そんな時のことでした。ふと、お客様が書かれたアンケート用紙に目が留まりました。

「パーティバーレルのお礼状が届きました。ありがとうございました」

嬉しくなって、残りの１００枚も一生懸命に書きました。

2.バレンタインのスーパーで（ケンタッキーフライドチキン一日橋店）

バレンタインの日の前に、離れた所に住む父親にチョコレートをプレゼントしようと思ってサンエー（沖縄で有名なスーパー）に出かけました。同封するための手紙を書き、その封筒をチョコレートの箱に貼り付け、宅配便で送るためにマックスバリューへ出かけました。店員さんがはかりで重さを量ってくれました。すると、

「これだったら郵便局の方が５００円くらい安くすむよ」

と教えてくれました。しかし、そのままチョコレートを返してくれません。

「何をしてるんだろう?」と思っていたら、

「はい! これ、そのまま郵便局へ持って行ったらいいよ」

と差し出したものを見て驚きました。手紙付きのチョコレートを、ギフト用の袋に入れて下さり、きれいにラッピングされていました。

「ここで買ったものではないのに……」

親切に感動しました。

3.この時期に大変だと思いますが……(ケンタッキーフライドチキン糸満店Aさん)

東日本大震災のすぐ後のことです。

「旨味チキン」という商品を注文したいとお客様が来店されました。

ところが、壁のお詫びのポスターをご覧になり、

「限定販売になっているのねー。じゃあ、仕方ないから普通のチキンでいいからお願いっ!」

と注文していただきました。大変、ご迷惑をおかけしております、とお詫びを申し上げたところ、

「この時期に大変だと思いますが、頑張ってください。チキンありがとうございます！」

震災の影響で供給が滞っているという理由はありますが、お客様に申し訳ない気持ちでいっぱいでした。それなのに、「ありがとう」と言われて嬉しかったです。

4．お婆ちゃんの家まで届けますよ
（ケンタッキーフライドチキン一日橋店Oさん）


スーパーで買い物をしていた時の話です。

背中越しに、店員さんとお婆ちゃんの会話が聞こえました。

どうやら、お婆ちゃんが買おうとしているトイレットペーパーが、

「明日には100円も安くなるよ」

と店員さんが勧めているらしいのです。

でも、お婆ちゃんは、

「明日は来られないからねぇ〜。今日、買っていくよ〜」

と言い、商品を手にしようとしました。その時です。店員さんが、

「それだったら、明日、僕が買ってお婆ちゃんの家まで届けますよ」

と言うのではありませんか。そんなサービス見たことない！

気になって後から、その店員さんに尋ねると、知り合いのお婆ちゃんとのこと。でも、「なんて優しい人なんだろう」と感動してしまいました。

いっとき、沖縄に住んでいたことがあります。初めてスーパーで買い物をした時、驚きました。レジの店員さんが、一つひとつ商品をレジ袋やマイバッグに入れてくれるのです。能率・効率の観点からすると、後ろに並んでいる人からすると「早くして！」と言いたいところでしょう。最近では賛否両論あり、本土のようにセルフのスーパーも増えてきました。

でも、私は、これこそが「沖縄らしさ」だと思い、気に入っていました。「のんびり行こう」とイライラする自分を戒めつつ。

何より楽しかったのは、その間にレジのオバチャンと会話が弾んだことです。

人と人の距離が近くなる。

だから、「バレンタインのスーパーで」「お婆ちゃんの家まで届けますよ」なんてエピソードが生まれるのだと思います。

店長たちの報告会（後編）

（株）リウエン商事さんの「店長会議」で集まった「いい話」の後編をお届けします。沖縄ならではのアットホームでハートフルなエピソードに心がポカポカしてきます。

1．わざわざ遠くのスペースへ
（ケンタッキーフライドチキン首里末吉店Kさん）


パートナーのOさんが、常連のお客様の方を見ながら言いました。

「あのお客様、帰るとき、足が不自由な母親らしき方をおいて、すたすたと店をでていきますよね。なにか不思議な感じがしますすね」

私も、その行動に違和感を覚え、お客様が帰る際の行動を観察することにしました。

2カ月かけて観察していて驚くべきことに気が付きました。そのお客様は、来店される際、店舗入り口で母親らしき方を降ろし、それから、わざわざ一番端の駐車スペースに車をとめていたのです。

帰る際は、先に店を出て車を回し、入り口で母親らしき方を待っていました。**おそらく他の体が不自由なお客様の為に、一番店舗に近い駐車スペースを空けていてくれているのだ**と、その行動の意味を理解したとき、心が優しさで満たされ、私もこういう行動が自然にとれる人間になろうと思いました。

2．高校生に学ぶ（ケンタッキーフライドチキン浦添店Hさん）

新しく採用した高校生のパートナーの研修を行いました。

研修の中で、今から自分が働く店舗をお客様の目線でチェックしてみようという時間を設け、パートナーの女の子にお店のお客様用のトイレをチェックしてくるように伝えました。

チェックして戻ってきた彼女に、私が「どうだった？」と尋ねると、こんな答えが返ってきました。

「中に入ると、お父さんらしき人が赤ちゃんを抱っこしながら、もう1人の小さい子どもに手を洗わせようとしていました。でも手洗い台が高くて洗えず、お父さんが抱えようとしたりしてとても不便そうでした。子ども用のふみ台を置いたらどうでしょうか？」

私は彼女の素晴らしい答えに感動しつつ、今までこのような事を思いもつかなかった自分をとても恥ずかしく思いました。

自分ではお客様の為にと日頃心がけていても、やはり従業員目線で目が曇ってしまっているんだなと反省しました。

彼女を賞賛し、踏み台を設置する計画をする事を約束しました。

3．お礼送り（ケンタッキーフライドチキン宮古店Kさん）

先日、義兄夫婦と私の家族で、カラオケボックスにいきました。

約三時間、楽しい時間をすごし、お開きになりました。

お会計時に、割り勘で支払いをしようとすると、義兄が、

「今日は、俺が誘ったから出すよ」

と言い、それでも悪いと思いお金を渡そうとすると、

「いいから、いいから。今日浮いたお金で誰かにご馳走《ちそう》したらいいさ」

と言ってくれました。その後、帰りの車の中で、こういう話をしてくれました。

「俺は、誰かに何かしてあげる事を楽しいと感じているし、また、それにお礼とかいらない。**俺が好きな考え方に「お礼送り」というものがあるんだ。だから、きみも、今日のお**

礼を誰かに送って欲しいなあ」

私は、この言葉に感動し、誰かにこの気持ちを送ろうと思いました。

4. おまじない（ドトールコーヒーイオン那覇店Mさん）

先日、出勤したらデスクの上にスープと栄養ドリンクが置いてありました。

もうひと月くらい体調が優れない私の事を気づかってくれ、パートナーの一人が差し入れしてくれたのです。

そこには、「おまじない」と書かれた「メッセージ」が添えられていました。


「味方はたくさんいますよ」

言葉とはすごいものですね。薬や休養よりも、心と身体に響きました。

5. そっと日傘で（ドトールコーヒー沖縄県庁店Mさん）

とても陽射しが強い日のこと。売り上げを入金するため、銀行まで歩いているときのことです。影のない交差点での信号待ち。まぶしさと暑さで正面を見ていられなくなり、目を閉じてじっとうつむいていました。

その時です。60代のオバチャンが近づいてきて、そっと日傘で私を覆ってくれたのです。

「ありがとうございます！」とお礼を言って気付きました。

私に差しかけてくださったことで、オバチャンが直射日光を浴びてしまっているのです。

私の視線に気づいたオバチャンは「渡るまでだから、ご一緒しましょう！」と言ってくれました。

私が断ることを察し、先回りしてサラッとキレイな言葉で返してくださるオバチャンの気遣いに感動しました。


これも私の沖縄での体験。海辺の食堂で煮魚定食を食べ始めたら、目の前にトンッと湯《ゆ》呑《のみ》が置かれました。

隣の席のオバア（お婆さんのこと）が、セルフのお茶をくんできてくれたのです。

「その魚、私も好きサー。おいしいね～」

「は、はい。おいしいです」

そんなことは日常茶飯事。

そこに人の温もりがありました。

新人タクシードライバーから学んだこと

ある日、大きな交差点で手を上げ、タクシーに乗り込んだ瞬間、「おや？」と思いました。目的地を告げ、発車して数秒しか経っていないのに……。

「なんだろう？　この快適感は」と心の中で、腕組みをしました。

そうだ！　空気だ!!

「かしこまりました。それでは料金メーターを入れさせていただきます」と言う、なんとも物腰の柔らかな言葉づかい。さらには、後部座席を振り返った「笑顔」がとてつもなくステキでした。車内に、その言葉づかいと笑顔が醸しだす空気が充満しているのです。

別に、他に特別なサービスをしているわけではありません。

でも、車内の「空気」が違うのです。おそらく今まで、何千回も乗ったであろうタクシーの中で、「一番」と言っても過ぎないほどに。

そうなると、私の好奇心がムクムクと騒ぎだします。

「タクシー業界でも有名な人にちがいない」

「この人は、どんな人生を送ってきたのだろうか?」

きっと、タクシードライバーのプロ中のプロ。取材させてもらおう。

そう思い、途中、信号待ちで話しかけました。ところが、意外なことに……。

そのドライバーは、「新人さん」だったのです。つばめタクシー平田営業所勤務。二か月の研修を終えて、一人で営業に出てまだ一か月だというのです。

私は、「え!?　嘘でしょ」と聞き返してしまいました。

それでも、「この人はスゴイ」と確信していた私は、半ば強引に携帯電話の番号を交換しあい、非番の日に喫茶店でおしゃべりに付き合っていただくことにしました。

その時のお話を、一本のコラムにまとめました。

タクシー運転手が天職

小牧市の荒木桂太郎さん(55)は昨年、半導体製造関連の会社を早期退職した。家族のためにもまだ頑張って働かなければならない。同業他社の門をいくつか叩いたが、色よい返事は得られなかった。

業種のこだわりを捨て、縁あってタクシー会社に勤めることに決めた。そして、不安を抱きつつ研修期間を過ごした。

研修を終え一人で営業運転を始めたばかりのころのこと。休憩のためコーヒーを買いにコンビニに立ち寄った。レジに並ぶと、車いすを利用する高齢の女性が前にいた。介助者はなく、一人で来ているらしい。

様子をうかがっていると、指も不自由らしく財布から小銭を取り出しにくそうにしている。

「大丈夫ですか」と声をかけたのがきっかけで、自宅まで車いすを押して送って差しあげることになった。途中、その女性から悩み事を聞いた。

「娘が事故に遭い、半身不随《はんしんふずい》になってしまいました。近所の病院まで送迎してくれるタクシーが見つからず困っています」と。

朝、迎えに行くのはいいが、帰り時間に合わせて再び病院へ行かなくてはならない。すると間の時間が仕事のロスになる。ましてや近距離で、いい顔をされないという。

無意識に荒木さんは「私でよかったら」と申し出ていた。

「心底『ああ！　人の役に立ててうれしい』と思いました。じつは、故郷の大分には、なかなか帰省できません。母親の介護をする代わりだとも考えたのです」と荒木さん。

娘さんを病院まで送ると、普段、無表情なのににっこり。

「その笑顔を見て、タクシー運転手は天職だと確信しました。そして不安な気持ちも吹き飛んだのです」と話す。

平成29年4月9日付中日新聞朝刊（愛知県内版）

きっと、不安だったことでしょう。55歳にもなって、未体験の仕事。お子さんは、まだ高校生と中学生と聞きました。家族を守るため、仕事を選ぶ心の余裕も時間もない。とにかく稼がなくてはならない。

その不安を吹き飛ばしたのが、コンビニで出逢った車いすの高齢の女性だったわけです。

ここで、最も肝心なこと。それは、**荒木さん自身が「おもいやり」にあふれている人で、ごくごく自然に「困っている人に声をかけた」こと**です。

すると、思う以上よりも喜んでもらうことができ、それがきっかけでタクシーの仕事を続けられる自信になったというのです。

荒木さんは、言います。

「多くのドライバーの月売り上げは、40万円から50万円と聞いています。トップの方は、夜間に勤めて85万円だそうです。いつのことになるかわかりませんが、私はまずは60万円を目指します。チケットのお客様は期待できません。ですから、自分の努力しかありません。でもおかげさまで、病院の送迎など5軒のお得意様ができたのですよ」

私は、確信して言いました。

「荒木さん、きっとあなたは、トップになれますよ。……いいえ、絶対！」

いい加減なことを口にしたかな、とチラッと反省。

でも、それが励ましとして伝わったのならいいかなと。


それから、半年が経ったある日のことです。荒木さんからメールが届きました。

「その節は新聞掲載、ありがとうございました。69万円にアップしました。これからも日々精進していきます」

びっくりしました。わずか半年です。それも目標を大きく上回って達成しているというのです。その数字が、どれほど大変なものなのか、タクシードライバーをしている友人や、タクシー会社の役員さんから聞いて知っていました。

ただ、道を流しているだけでは達成できません。指名されるお得意様を何人も持たなければできない数字なのです。

そうなのです。荒木さんは、大勢のお客様からファンとして支持されたのです。あっという間に。

“何をしてもうまくいく人”のルール

じつは、読者の皆さんに前話で隠していたことがあります。私は、ただ「直観」だけで「トップになれる！」と信じたわけではありませんでした。

喫茶店でお茶を飲みながら、荒木さんがどんなことに心がけて仕事をしているか、執拗《しつよう》に聞き出していたのです。以下は、荒木流「タクシーおもてなしの極意」です。

お客様の何気ない仕草で心の中を読む

目的地まで急いでいるお客様は、それが何らかの仕草や態度に出るものだといいます。

例えば、後部座席に座ったとたんに前屈みになる人。

シートにもたれていても、ガサガサと音を立ててカバンの中を見たり、身体を小刻みに揺すったりして落ち着きがない人。急いでいることが、態度に出るのですね。

そういう場合は、安全運転で、できるかぎり早く目的地に着くように心がける。

また上着の襟を合わせる音が聞こえたら、「車内の温度をお上げいたしましょうか」と声がけする。

高齢者への配慮

すべてのお客様に対して、気を付けてはいるが、お爺ちゃん、お婆ちゃんを乗せた際には、スピードを緩めてブレーキのかけ方に注意する。（志賀内は、胃腸の調子がよくないことが多く、ブレーキを頻繁に踏むドライバーさんのせいで気分が悪くなることがあります。だから、よくわかります）

お子さんの気持ちになる

小さな子ども連れのお母さんは、タクシーの中で子どもが大きな声を出すと、「騒ぐんじゃありません！」と言い、叱る。

そんなとき、荒木さんは、「ボク、騒いでもいいよ〜」と言ってあげるといいます。

お母さんは、びっくり。

「車の中は電車と違って誰にも迷惑はかかりません。もちろん運転手の私も大丈夫。小さいお子さんは騒ぎたいものです。どうぞ、自由にさせてあげてください」と。

下車後、バックミラーに映る子どもは、いつまでも手を振ってくれるといいます。

スマホで話し中のお客様に対する心がけ

座席で、商談なのか電話に夢中のお客様が多く見うけられる。そういうお客様には、できうる限り話しかけないようにしている。

でも、目的地までの道筋の確認をしなくてはならない。そこで、じっとお客様の会話の様子をうかがい、ほんのちょっと途切れた瞬間を、早め早めに見計らって、「次の角を右でいいですか?」と小声で話しかけるのだそうです。

そして、左手で「右へ曲がる?」という手振りのサインを出す。

すると、お客様も暗黙の了解。電話でしゃべりながら、手で「ＯＫサイン」を作ってくださるそうです。それをバックミラーで確認。

お客様の都合にあわせて、会話じゃなく、身振り手振りでも意志の疎通ははかれるといいます。

シートを汚してもいいですよ

病院への送迎では、いかにも気分が悪そうなお客様に一言。「シートが汚れてもかまいませんので、少しの時間でも横になって眠ってください」と。

聞けば、クリスマスの時期で、数日寝る暇もなくケーキを作り続けていたパティシエさんでした。

泥酔したお客様の吐しゃ物などはドライバーさんにとっては一番の迷惑と耳にします。でも、それよりもお客様の気持ちになって接することを優先したいと。


荒木さんは、「おもいやり」の気遣いの根底にあるのは「観察力」だと言います。

では、なぜ、その観察力が身についたのか？

またまた、突っ込んで聞きました。

その答えは、前の仕事である半導体製造関連の会社での経験にありました。


具体的には、半導体を製造するラインを納入する仕事をしておられました。ただ設置すればいいということではありません。ちょっとでもラインが停止すると、生産計画が大幅に狂ってしまい、莫大《ばくだい》な損失を与えることになってしまいます。荒木さんは、トラブルが発生した際にクレームを受ける仕事に携わっていたのです。

相手先は、誰もが知る大手企業の担当者。猛烈に怒られます。頭を下げても、なかなか怒りは収まりません。

でも、その相手を嫌いになったりしたことは、一度もないといいます。

反対に「好きになる」努力をしたそうです。


「え!?　……そんなことできるんですか？」

思わず聞き返してしまいました。

「はい、もちろん、相手が怒っている最中は無理です。とにかく話を聞く。でも、長い時間、聞いていると、ふっと表情が緩む瞬間があるのです。口調が変わる、その瞬間がチャンス！　それまで神妙な顔で聞いていたけれど、笑顔で相手の懐に飛び込むんです。

すると、『ずいぶん、ひどいことを言ったけれど、君もたいへんな仕事だなぁ』などと、心を開いて許していただけるのです」

じつは、「物作り」の仕事ではあったけれど、人と関わる多くの経験をしてきた。

その人との「関わり」で学んだことが、業種は違ってもタクシーの仕事で活かせるのではないかと思ったというのです。

私の友人で、元・ホテルマンから生命保険のセールスマンになった人がいます。美容師から葬儀会社へ。学校の教師から建設会社へ、転職した友人もいます。

いずれも、まったく異なる世界ですが、共通することが一つ。前職で「一流」と人から言われ、その世界のトップランナーだったことです。


そうなのです。

一つの世界で道を究めると、「やること」は違っても、他の世界でも成功する。

なぜなら、ほとんどの仕事は、「人」が相手だからです。

人との関わり、人に対する「おもいやり」の深い人は、何をしても上手くゆくのですね。


その後、荒木さんは、ますますその道を究められ、売り上げもさることながらお客様への思いやりあふれる接客が認められ、社長賞を受賞されました。

第二章

きらきら輝く、あの人の「いい仕事」

レジを待つ列で出会った奇跡

いつ頃からでしょうか。

「神対応」という言葉を耳にすることが多くなりました。元々は、企業に寄せられたクレームに、「お見事！」と言わせるほどの細やかな対応をしたことをさしていたようです。その後、かなり用途の範囲が広がり、芸能人のファンサービスや、飲食店や小売店での感動する接客などについても使われるようになりました。

例えば、レストランで食後に薬を飲もうとしたら、頼みもしないのに店員さんが白湯を持ってきてくれたという話。

幼い子どもが食べかけのドーナツを落としてしまったら、お店のスタッフが片付けてくれた後、新しいドーナツをもう一つプレゼントしてくれたという話など。

さて、私がスーパーマーケットに買い物に出かけた時の話です。

夕方の6時過ぎで、勤め帰りの人たちの姿が多く目に付き混雑していました。どのレジも5、6人のお客さんが並んでいます。

こういう時、どのレジに並ぼうかと真剣に悩みます。列が短くても、一人で2つの山盛りのカゴを持っている人がいたりして、「ハマル」ことがあります。また、レジのスタッフさんが新人で、胸に「研修中」のプレートを付けていることもあります。

その日は特に疲れていて、早く家に帰りたくて仕方がありませんでした。私は、よくよく観察し、早く済ませてくれそうな列に並びました。

しばらくして、「これは選択を間違えたかな」と少し後悔しました。

レジのスタッフの女性（40代）が、お客さんのカゴをサッカー台（商品を袋に詰め込むテーブルのこと）まで運んでいるのを見たからです。相手のお客さんは、「お年寄り」と呼ぶにはまだ若い、60代半ばの女性でした。

正直に言います。私は、日頃から人に「親切」にできたらと心がけています。

でも、心の中に、「エゴ」が同居していて、ときおりムクムクッと頭をもたげます。この時がそうでした。

（ああ～親切なスタッフさんだよな。でも早くレジを済ませたいし、他のレジへ並べばよ

かったなあ）

ついついため息が出てしまいました。なんてセコイ人間なんでしょう。

でも、どうやら私の前に並んでいた男性も同じことを考えていたらしく、その様子を目にして、「チェッ！」と小さく舌打ちするのが聞こえました。

しかし、今さら他の列に並び直すわけにもいきません。辛抱強く待つことにしました。

ところが、レジのスタッフさんは、続けて次のお客さんのカゴも、サッカー台へ運ぼうとしたのです。ちょっと前を覗き込むと、お客さんは若い女性でした。胸には、赤ちゃんを抱きかかえ、カートに3歳くらいの子どもをのせています。


（子ども連れか……仕方がないなあ）

私はイライラを募らせながらも、

（いかんいかん、少しくらい待ったところで困ることもないはず。修行が足りんなあ）

と自分に言い聞かせて待ちました。


その時です。思わぬ光景にハッとしました。

レジのスタッフさんがカゴを持ち上げると、いかにも重たそうに見えました。にもかかわらず、スタッフさんは、腰を少し屈ませつつ、サッカー台へと小走りに駆けたのです。それはまるで、ラグビーのパス回しのように見えました。台の上にカゴを置くと、子連れの女性のお客さんにニコッ。

とって返し、今度はダッシュでレジへと戻ったのです。

その様子は、まるで陸上部のトレーニングのように見えました。

おおっ！　これぞ「神対応」だ!!

「年配のお客様、小さな子どもを連れているお客様のお役に立ちたい。でも、サッカー台までカゴを運ぶと、後ろに幾人も並んでいるお客様を待たせてしまう」

そのジレンマが、ダッシュという行動に表れたにちがいありません。

後列に並ぶ誰もが、ダッシュする姿を見て「頑張ってるなあ。あんなに頑張ってお客様に尽くしている人を責められるわけがないよなあ」と思ってしまいます。

スタッフさんの気持ちが、心の奥まで伝わってきました。

と同時に、イライラしていた自分が恥ずかしくなりました。

後日、そのスーパーマーケットに電話して尋ねました。気になることがあったからです。

それは、スタッフさんの行動の、どこまでがマニュアルなのかということでした。

店長のKさんが答えてくれました。

「レジからサッカー台まで運ぶのは、マニュアルではありません。もちろん、ダッシュも。ただ、妊婦さんやご年配の方、幼いお子さんを連れている方には、できるかぎり運んで差し上げるようにと指導しています。あくまでスタッフ教育の一環です。**こういうときは、こうしなさいという『線引き』はしていません。あくまで自主性に任せてます**」

おおっ！　この店長さん、これはスゴイと思いました。

「線引き」せず、自主性に任せる。マニュアル化してしまうと、それ自体が形骸化して「心」を失くすことになりかねませんからね。

レジの女性と店長さんに、大いに学ばせていただきました。

名古屋市西区にあるイオンタウン名西店「マックスバリュグランド」での出来事です。

一番のおもてなしは、〝〇〇〟です

甘党です。でも、健康のことを考えると、甘い物ばかりたくさん食べるのはためらわれます。そこで、ちょっと高価なお菓子を、ときどき少しだけ買い求めます。

よく仕事の帰りにデパートの食料品フロアに立ち寄ります。老舗の和菓子店で、上生菓子（お饅頭《まんじゅう》）を一つか二つだけ買うためです。家に帰ってネクタイを解き、熱いお茶で頂くのが最大の自分へのご褒美です。

ガラスケースの中に並んだ、色とりどりの上生菓子は、どれも美味しそうで毎回どれにしようかと悩みます。

「少しだけでごめんなさい。これとこれ一つずつ下さい」

と女性店員さんに指差します。そして、

「すぐ家で食べるので、包装は簡単でいいです」

と頼みました。

ところが、です。なかなか商品を渡してくれません。（何をやっているんだろう）と奥の作業台を覗き込むと、紙製の箱（6個用）に上生菓子を入れ、それを包装紙で包んでいるところでした。私は、ちょっとイライラして言いました。疲れていて、早く帰りたいし。

「あの～本当に簡単でいいですから」

「はい」

という返事。でも、わかってもらえなかったようです。さらにその包みを、手さげの紙袋に入れて持ってきたのです。お饅頭が二つだけ。いくら老舗の名店だからといって、丁寧にもほどがあります。

「簡単でいいっていったのに……」

と、代金を支払いながら呟《つぶや》いてしまいました。

でも、その店員さんは「何を言っているのかしら？」という顔つきで、キョトンとしているのです。

その顔には、「私は、上司に言われたマニュアル通りに包装しているだけですよ。うちの店は、老舗だから、たとえ一個のお饅頭でも丁寧に丁寧に包むことが大切だと教えられているんです」と書かれているように読み取れました。

さて、京都の駅ビルのホテルグランヴィア京都に、料亭「京都吉兆」が入店しています。以前、宿泊した際に満席で食べられなかったので、ここでランチに懐石料理を食べることを第一の目的にして、京都観光へ出かけました。

席に着き、お箸《はし》を手にとって「あっ」と気づきました。湿っているのです。

いや、まちがってお箸を濡《ぬ》らしてしまったのではありません。最初から、お箸を湿らせてあるのです。

そこへ、タイミングよく、美しい珍味皿の盆を運んできて下さったお店の方が、私の表情に気づいて一言。

「お箸を濡らしておりますが、もし乾いたお箸がよろしければ代わりをお持ちいたします」

乾いた食べ物が、お箸にくっ付かないようにと配慮してとのこと。細やかな気づかいが嬉しくなりました。

一品目に箸をつけ始めたところで、先ほどのお店の方がこう言いました。

「お急ぎの電車のお時間などございませんか。早めにお出しいたしますが」

「京都吉兆」はJR京都駅中央口の真上に位置しています。新幹線のホームまで、急げば

5分とかかりません。そんな立地なだけに、ホテルでチェックアウトをして、少し早い昼食を済ませて電車に乗る人も多いのでしょう。

また、観光地ですから、早く食事を済ませて、お目当てのスポットへと心を弾ませている人もいるに違いありません。こうした人たちの心には、グッとくる一言です。もちろん、私もハートをわしづかみにされました。

私は、「大丈夫です。ゆっくり頂戴します」と答えました。

でも、すぐ隣の席の老夫婦は、明らかに私のテーブルよりも速いスピードで料理が運ばれてきました。きっと、「できたら急いでください」と頼まれたのでしょう。

一流と言われるお店は、食べ物だけではなく、「心づかい」というサービスを売っています。この時の「心づかい」は、「時間」です。

本来、懐石料理は、一品一品を丁寧に味わって食するものです。店内の雰囲気や器の美しさも含めて料理という芸術の一つだからです。最低でも1時間は食事を終えるのにかかるでしょう。

ところが、開店早々に訪れたランチのお客様。「ゆっくり」味わっていただきたいのはやまやまだけど、「時間」に余裕のないお客様もいます。

なにより、お客様の都合と気持ちを優先する。けっして、「一流」だからと、上から目線で押し付けたりはしない。

「お急ぎの電車のお時間などございませんか」の一言に、「ほっこり」と心温まりました。


さてさて、件の名古屋のデパートの、老舗和菓子店の話です。後日、再び、上生菓子を買いに行きました。今度は、三個です。接客してくれたのは別の高齢の男性店員でした。

「急いでいるので、包装は簡単でいいです」

と、前回と同様に言いました。すると、

「では、テープだけ貼らせていただきましょうか？」

と言い、サッとデパートのテープを切って手にしました。

「はい！　それで十分です。これに入れて帰りますから」

と言って、手提げかばんを指差すと、転がらないようにそっと中に入れてくれました。

（むむむっ！　こやつデキルな。京都吉兆と同じだ）

「時間」は最大の「おもてなし」の一つです。

お客様にラブレターをお預かりしています

オフィスイガッタ代表で企業コンサルタントの田村茂さんとは、会うたびに「おもてなし」に関わる「ちょっといい話」を紹介し合う仲です。

これは、その田村さんが、以前、モスバーガーのフランチャイズを展開する（株）モスフードサービスの専務取締役だった当時にうかがったエピソードです。

ある日のことです。私は東京出張の帰り、新幹線の時間までちょっと時間があったので、田村さんを本社に訪ねました。

すると、開口一番！

「志賀内さん！　ついこの前、飛行機に乗れなかったおかげで、感動に出逢えたんですよ」

（え!?　乗れなかったおかげですって）

いつもこんな調子で「思わせぶり」なところから話が始まります。

田村さんの手には、飛行機の写真のポストカードが……。

出張のため、田村さんは羽田空港からＡＮＡの熊本便に搭乗の予定でした。ところが、ボーイング７８７機に不具合が発生し、欠航になってしまいました。

そのため、田村さんは出張を一日延期。チケットを振り替える手続きを電話で済ませました。極めてイレギュラーなケースなので、出発前に搭乗カウンターで手続きをし直して欲しいとのことでした。

さて、翌日のこと。搭乗カウンターへ行くと、どうしたことか昨日の便からの振替登録ができていませんでした。電話でのやりとりのため、言葉足らずだったのか……それとも。どちらに非があったかわからずじまい。

でも、今はそんな理由を追及している暇はありません。今日こそはどうしても熊本に行かなくてはならない。刻々と搭乗時刻は迫っています。

その時、ＡＮＡカウンターの女性スタッフが機転を利かせて奔走してくれました。出発直前のことでもあり、簡単ではなかったようです。バックヤードの事務所に駆けて行ったかと思うと、再び飛んできて、予約画面とにらめっこ。

それこそ額に玉の汗をかいて間に合わせてくれたそうです。どうやら、かなり煩雑な手続きを搭乗時刻に間に合わせようと奮闘した様子が伝わってきました。

普段から、お客様と接する仕事をしている田村さん。社員やアルバイトさんには「お客様に心を込めておもてなしを」と口にしています。ゆえに、よけい一生懸命に尽くしてくれた女性スタッフの対応に感激したのでした。

何かお礼がしたい。でも、いつもならカバンの中にモスのサービス飲食券が入っているのですが、その日に限って忘れてしまった。

（本人いわく、自分でも何を思ったのかわからないけれど）パッと自分の名刺を手渡し「ありがとう」と言い保安検査場へと駆けたそうです。

さて、それから一週間後のことでした。

今度は、沖縄へ出張するためANAに乗りました。座席に座るやいなや客室乗務員さんが近寄ってきて、にっこり。

「お客様にラブレターをお預かりしています」

と一通の封筒を手渡されました。中を開けると、飛行機のポストカードに、細かな丁寧な文字でこんなメッセージが書かれていました。

「2013．2．28　ー29便にご搭乗　田村茂様

本日もANAをご利用いただきまして誠にありがとうございます。2月20日に羽田ー熊本の搭乗手続きをさせていただきましたFと申します。突然のメッセージをお許しください。

先日は、長時間お待たせしてしまい大変申し訳ございませんでした。

その後、何かご不明な点などなかったでしょうか。

日々お忙しいと思いますのでご記憶にないかもしれませんが、「これも縁だから」と御名刺を頂きました。日頃「お客様とのつながり」を大切にしたいと思っている私にとっては、とても印象的で、田村様の温かなお人柄に強く感動いたしました。

また僭越《せんえつ》ながら、貴社のことが書かれた著書『羅針盤の針は夢に向け』を拝読させていただき、モスバーガーの創業者の熱いパッションや「人生はたらいの水の如し」の言葉に共鳴しました。

今、ES、CSを勉強している私にとって心に響く言葉や参考にさせていただきた

い点が数多くありました。

また、私は東武東上線沿いの出身なので、モスバーガー様の創業の地が成増にあると知り、これも素敵なご縁と感じました。

今後もお客様とのご縁を大切に、心寄り添うサービスを目指して邁進してまいります。

田村様には、またお目にかかれる日を心から楽しみにしています。

寒い日が続いておりますので、どうぞご自愛ください。長々と失礼いたしました。

ＡＮＡ　旅客部●課　Ｆ

田村さんは、飛行機に乗って、こんな手紙をもらったことは一度もありませんでした。

「たった、一枚のポストカードで、こんなにも人の心を幸せにできるんだ」と思うと、ますます感激して、那覇空港に着くまでの間、何度も何度も読み返したそうです。

それに、「ラブレター」だなんて、ＣＡさんのシャレた言葉づかいにも嬉しくなりました。

あなたはどうして働いているんですか？

田村さんは、沖縄に着くとさっそく仕事先でこの話をしました。

その後も、いつもメッセージの書かれたポストカードを持ち歩き、「こんな素晴らしい人がいるんだよ」と、あちこちで喋《しゃべ》りまくりました。

日頃から「一期一会」の心を大切にしている田村さん。まさしく、接客のお手本だと確信したのです。


しばらくして、なぜ自分がそんなにも感動したのかという点を考えてみました。

名刺をくれた人が勤めている会社のことを知るために、その会社の本を買って読むなんてなかなかできないこと。スゴイ！

「人生はたらいの水の如し」とは、「たらいの中の水を手でこちらへ掻《か》くと、あっちへ逃げる。向こうへやると、こっちへくる」という仏法の有名な説話。分厚い本（400ページ超）の中で、ここに心が留まったとは、若いのにもかかわらず相当に奥深い人生観を持っていると思われること。

面倒だろうに、すぐにメッセージを書いてくれたこと。それも、ポストカードにびっしりと。普通なら書いたとしても3〜4行程度のメッセージではないか。字積りもバッチリなので、おそらく下書きをしていると思われる。

さらに……なぜ、自分が一週間後に沖縄便に乗ることを知ることができたのか？　きっと、予約画面で確認したのだとは推測できるが、「そこまで」してくれたことが心憎い。ANAでは、地上スタッフからの手紙を客室乗務員にリレーするシステムができあがっているのだろうか？　もし、そうだとすると、素晴らしい会社だ。

考えれば考えるほど、Fさんの素晴らしさに感動し、もう一度会いたくなりました。そこで、Fさんご本人宛、さらにANAの秘書部宛に「もう一度お目にかかり、さまざまなことを学びたい」という旨を添えたお礼状をしたためました。

何度かのやりとりの後、ついにアポイントメントが取れ、Fさんを訪ねました。

（じつはこの時、志賀内も厚かましく同行させていただきました）

羽田空港のＡＮＡの応接室で待っていると、Ｆさんは飛び切りの笑顔で私たちの前に現れました。

聞けば、入社5年目とのこと。Ｆさんに前述の「感動した点」を直接伝えました。

「いつも、こんなメッセージを書かれているのですか」と尋ねると、

「いつもではありませんが、ときどき……」との返事が返ってきました。

「どんな時ですか?」と尋ねますが、控えめで奥ゆかしい人柄のせいか、なかなか答えていただけません。

それでも、作家根性丸出しでしつこく尋ねると、ようやく教えていただけました。

「ついこの前のことです。年配ご夫婦のご主人が、出発直前になって搭乗待合室で気分が悪くなられてしまいました。しばらく介抱させていただきましたが、すぐには回復しない様子。大事を取って飛行機を翌日に変更し、東京にもう一泊されることになりました。

翌日のことです。そのご夫婦のことが心配で心配で、なんとかお見送りに行きたいと思いました。でも、カウンターの業務が立て込んでいてどうしても離れることができません。

そこで、サッサッと『どうぞおだいじに。良い空の旅をお楽しみください』とメッセー

ジをしたため、ご夫婦が搭乗予定の飛行機に乗るＣＡさんに手紙を託したのです。

田村様のときも、本当は沖縄便に乗られる時、お見送りに行きたかったのです。

でも、やはり勤務の都合で仕事場を離れることができないことがわかっていたので、やむをえずメッセージを書いたのです」

この話を聞き、ますます、田村さんは感激してしまいました。

（できることなら、モスにヘッドハントしたい！）


じつは、驚いたことがもう一つ。なんと、田村さんから名刺を受け取った数日後に、モスバーガーのホームページを見て、創業第一号店である成増店を訪ねてきたというのです。

もちろん、知り合ったお客様の会社のことを、肌で感じて学ぶために。


すると、「やっぱり、あなたでしたか！」と田村さん。

店長会議の席で「店長さんはいらっしゃいますか？　接客のことについて勉強させていただきたくて」と成増店を訪ねていらした航空会社の女性（社名も名前もわからない方）がいたことが、話題になったというのです。

「あ……それ、たぶん私のことです。バレてましたか」

とFさんが顔を真っ赤に。田村さんは、またまたビックリ。

横からちょっと口をはさみ、Fさんにこんな質問をしました。

「どんな気持ちで仕事をされているのですか？」


すると、こんな答えがすぐさま返ってきました。

「『世界中をハッピーにしたい！』という熱い思いで働いています」

なんと大きなパッションでしょう。働くことで、世界中の人を幸せにしたいなんて、そんな人にお目にかかるのは初めてです。

「飛行機が好きだから、ＡＮＡで働けて幸せです」とも。

（こりゃ、ヘッドハントは無理そうですね、田村さん）


一枚のメッセージカードから、たくさんのことを学ばせていただきました。

田村さん、ありがとう！　Fさん、ありがとう！

「売る人」と「買う人」を越えて

デパートに勤めるAさんから聞いた話です。

「お客様に海外旅行に連れて行ってもらったことがあるんです」

「え!?　どういうこと?」

尋ねると、その旅行とは全く関係のない30年以上も前の思い出を語り始めました。

Aさんは、入社2年目に食品売り場から法人や上得意の個人のお客様を担当する外商部に異動になりました。前任者はお客様の人望が厚く、かなりプレッシャーだったそうです。優秀な前任者でさえも対応に苦慮した個人のお客様がいました。ある大きな会社の社長夫人です。毎月の買い物は、数十万円にも及びました。ご主人は養子さんで奥様に頭が上がらない様子。

しかし、ただの浪費家というわけではありません。いつも細かい値段交渉を迫られました。1円刻みで粘り強く。商品の包装の仕方に、わずかな不備があってもたいへん。シールの位置がほんの少し曲がっていたりしたら、2時間はご説教を受けることになります。お客様の悪口と捉えられるといけないので、あまり言いたくはないそうですが、泣きたくなるくらい厳しい言葉で叱られたといいます。その場で、ダイレクトに社長に電話をかけられて、身の縮む思いをしたこともありました。

あまりの叱責に、辛くて辛くて何度も会社を辞めようと思いました。しかし、今になって考えると、「商い」の大切なことはすべてこの奥様から学んだと言いきれるそうです。挨拶の仕方、言葉づかい、冠婚葬祭のしきたり……。一見、商品とは何の関わりもないように思えますが、社会人としての常識でした。

奥様は、Aさんのことを自分の子どもと同じように教育してくれたのでした。もっとも、当時はそんなことは気づきもしなかったそうですが……。

担当になって何年かが経ちました。先代の社長、つまり奥様のお父様が亡くなられた時のことです。忌明けのお返しの品に、高級な伊万里焼の茶器セットを注文いただきました。その茶器をとても気に入ってくださり、自宅用にも誂《あつら》えたいと言われました。急いでご自宅へ届けると、奥様は留守。お手伝いさんに預けて会社に戻ると電話が鳴りました。

「すぐに来なさい！」

ご本人に直接渡さなかったことを叱られるのだと思い、慌てて車を走らせました。叱られることを覚悟して。

ご自宅に着くと、

「さあ行くわよ、この車に乗りなさい」

と、訳もわからず奥様の高級車に促されました。

着いたところは地元の高級料亭。目の前には次から次へと、初めて目にする料理が運ばれてきました。

キョトンとするAさんに、奥様は一言。

「お茶、ありがとう」と。

その時、ようやく事情がわかりました。Aさんが、茶器とともに自腹で奥様の好みの玉露を買い求め、一緒にお届けしたことを喜んでくださったのだと。

手元を見ると、Aさんが包みに入れた「どうかお身体を大切にお過ごしください」とのメッセージカードが握られていました。

Aさんは、ごく普通のことをしただけだと言います。

それは、相手を思いやる心。奥様からいつも学んでいたことでした。

時は流れ、Aさんは他の部署へ異動します。ある時、久しぶりに奥様と会う機会がありました。

「今度、ハワイへ遊びに行くの」とおっしゃいました。

「よろしいですね。私も一度行ってみたいです」とお愛想で挨拶をしました。

翌日のことです。奥様から電話が入りました。

「連れていってあげるから、○月○日から8日間、休暇を取りなさい。それからパスポートは持ってるわね」

もうびっくり。でも、上得意のお客様のお話です。うかつな発言をしたばかりに、たいへんなことになってしまったと反省。上司に報告し、「かばん持ち」を務めるつもりで待ち合わせ場所へ行きました。

ところが……。

飛行機、ホテル、食事、ゴルフ、オプショナルツアーなどすべて奥様持ち。一切お金を受け取ってもらえません。おまけに豪華なお土産まで。帰りの飛行機の中で、

「会社で叱られます」と言うと、

「自分の息子からお金が取れるか！」と怒鳴られました。

Ａさんは座席でわんわんと声を上げて泣き出して、ＣＡさんが何事かと駆け寄ってきたといいます。

さて、この話。実は、Ａさんが勤めるデパートでは特別のことではないと言います。お客様の家に自分の箸と茶碗《ちゃわん》が置いてある外商担当者。お客様の結婚式に招かれた販売員。社員旅行に招待されるスタッフ。

それは「売る人」と「買う人」の関係を越えた家族のようなお付き合いの賜物でした。

そのデパートとは、三重県津市にある、昭和30年創業の津松菱《つまつびし》です。昨今、地方百貨店は次々と閉店に追い込まれています。津松菱もご多分に漏れず、２００３年に破綻し、産業再生機構の支援を受けることになりました。

しかし、その後、奇跡の復活を成し遂げます。最近では11期連続の黒字計上。

そこには、地域の人たちの応援があったからでした。

「津からデパートを失くすな」というエールの嵐。それは、社員や派遣・パートスタッフ全員がお客様に尽くし、お客様からこよなく愛された結果だったのです。

Ａさんは言います。

「若いうちにお客様にかわいがっていただけて私は幸せでした」

ホテルのコンシェルジュみたいな駐車場係員さん

ここは、愛知県は名古屋市中区にある中日病院。病気の早期発見・予防のために健診に力を入れている総合病院です。

入り口の真ん前に、48台収容する平地の駐車場があります。周囲にコインパーキングが少ないこともあり、診療時間の始まるかなり前から、この駐車場に入ろうと来院患者さんの車がズラリと並びます。

そのなかの、一台の車の姿を見て、駐車場の入り口にいた一人の女性が院内に駆けだしたかと思うと、車いすを運んできました。

「○○さん、おはよう」

「ああ、いつもありがとう」

車の中から、お爺ちゃんがそろりそろりと出てきて車いすに移ります。院内に無料の貸し出し用の車いすが用意されているので、介護する同伴者が取りに行って利用できることになっています。でも、彼女が代わりに、車いすを取りに行ってあげたのです。

この車いすを運んできた女性が今回のお話の主役、原ゆかりさん（43歳）です。別に頼まれたわけではありません。車を見ただけ、顔を見ただけで持って行ってあげるのです。

派遣会社の社員で、10年以上も中日病院の駐車場係員として働いています。料金の精算機が上手く作動しない場合の補助など駐車場管理をするのが仕事です。

ところが、面倒見がいいというか、気配りが細やかというか、「仕事以外の仕事」をすることで患者さんたちの間で有名なのです。

（もちろん、病院の先生や看護師さんたちからも！）

診察が終わった患者さんが玄関を出ると、原さんに声をかけます。

「タクシー呼んで〜」

「病院の中に、△△タクシーのお迎え専用電話があります。そこからかけていただいたらお迎え料金はかかりませんよ」

「いいからタクシー呼んで」

（人の話、聞いてるの？）

原さんは、ちょっとムッとしますが、走って行き専用電話からタクシーを呼んであげます。それは、原さんの仕事ではないけれど……。

別の患者さんにまた頼まれます。

「タクシー呼んで」

「あ、はい」

「小型ね」

ちょっとでも節約したいと思っているのでしょう。「自分で電話して」と言いたいのを堪え、代わりに電話してあげます。ところが、

「電話しましたが、あいにく小型車はないそうです」

「もういいわ」

なんだか、ただのわがままな人にこき使われているかのように見えます。

でも、原さんは言います。

「見た目は健常者でも、実は手や指を痛めていて電話をかけられないのかもしれません。うちの病院は、ばね指などで困っている人に評判の良い整形外科の患者さんが多いのです」

あれこれ言っているより、動いた方が早い。一流ホテルのコンシェルジュかベルガール
みたいに、タクシーを呼んで差しあげるのが、いつの間にか仕事の一つになってしまった
そうです。あくまで、サービスですが。

月に一度顔を見るお婆ちゃんがいます。

原さんの顔を見ると、話しかけてきます。

「死にたいよ～」

そんなこと言われたら、どう答えていいのやら。

「何ものどを通らない」

「動けないよ～」

一人暮らしと知っています。原さんも一人暮らしです。だから淋しい気持ちがわかる。

「死にたいよ～」と言われる前に、こちらから声をかける。すると、大好きなタレントや
テレビ番組の話を夢中で話しはじめます。

きっと、お婆ちゃんは淋しいんですよね。聴いてあげるのが一番の治療なのかも。

原さんは、患者さんが来ると声をかけます。

「○△さん大丈夫?」「■○さん気を付けて」……などと。

「いったい、何人の人の名前を知ってるんですか?」と尋ねました。

「う〜ん、考えたことないですねぇ」

「一日で言うと、何人くらい?　……１００人?　２００人?」

「いえいえ、そんなにはいません。でも少なくても50人は」

「ということは、診療日が月に25日あるとして１２５０人!?」

「はい、最低それくらいは」

取材で何度も中日病院を訪れ、ちょっと離れた所から原さんを見ていました。とにかく、いつも患者さんとおしゃべりしている。病気のこと、家庭のこと、人生のことも全部聞いてあげる。先生への不満も、原さんには打ち明けられる。コンシェルジュどころか、まるで心療内科のカウンセラーのようです。

原さんは、仕事の枠をはみ出して、患者さんやそのご家族に尽くし、信頼されるようになっていきました。

すると、しょっちゅう、差し入れが届けられるようになります。

「うちの畑でとれた」と言い、野菜を持ってくるお婆ちゃん。

「旅行に行ったお土産だ」と言い、お菓子を買ってきてくれるお爺ちゃん。

真冬には「寒いでしょ」と、温かいコーヒーを買って届けてくれる人も。

そんななかに、見知らぬ男性がいました。お菓子を差し出し「この前はありがとう」と言われキョトンとしました。

聞けば、一年前、人間ドックに訪れたときのこと。駐車場が満車でなかなか入れず困っていたそうです。このままでは、検査の時間に遅れてしまいます。

そのとき、原さんが3階の検査室へ走り、先に受付手続きをしてくれたおかげで間に合った、というのです。

そのお礼だと言うのですが……原さんにはまったく記憶がない。

なにしろ、原さんにとって、「それ」が当たり前になっていたからです。

私に〝家族〟を教えてくれた

原ゆかりさんが、中日病院の駐車場の係員として勤め始めてすぐの頃のことです。少しお世話をして顔なじみだった男性の患者さんが危篤になりました。

兄弟やお子さんたちが病院へ次々に駆け付けました。

やがて……ご本人は息を引き取りました。

すると、集まった親戚縁者一同が泣き始めました。その涙は、長く長く続きました。そこで原さんは、首を傾げたといいます。

「この人たちは、なぜいつまでも泣いているんだろう」

この話を聞き、私の方が首を傾げてしまいました。

「え⁉　自分にとって大切な人が死んでしまったのだから、泣くのは当たり前でしょ？」

原さんには、それが理解できなかったのだそうです。

でも、徐々にその理由がわかっていったといいます。

「私は、父親の存在を知らずに育ちました。一人っ子です。母親ともあまり仲が良くなく、今も疎遠になっています。

家族というものの『愛情』に触れてこなかったのですね。

家族愛に包まれて育った「普通の人たち」の心情がわからないらしいのです。

悲しいということは想像できます。でも、なぜ泣いているのか、わからないのです」


原さんは、そんな孤独な生活の中で、二十代に「うつ」になってしまいます。長く家の中に引きこもっていました。

でも、食べていくために働かなければならない。たまたま、ビルの新築移転に伴い、中日病院の駐車場係員の新規募集に採用されました。

でも、じつはすぐに「こんな仕事やってられないわ！」と腹が立ち、辞めてしまおうと思いました。あまりにも、無茶なことを言うお客様が多かったというのです。


「なんでお金を取るんだ！」

診察やお見舞いなどの来院者は、当時100円（3時間）で利用できリーズナブルでした。それなのに「無料じゃないのか！」と怒鳴られる。原さんは「私に言われても……」

と戸惑うばかりでした。

「診察に遅れたらどうしてくれるんだ！」

予約診療や検査のために訪れた患者さんです。入庫待ちの列から窓を開けて、原さんに怒鳴ります。

「私に言われても……」

このままでは、また精神的におかしくなり、引きこもりに逆戻りしかねません。

しかし、原さんはここで留まりませんでした。


なかには、駐車場で入庫の順番を待つのが、本当に辛い患者さんがいます。泌尿器の病気の人は、耐えきれず漏らしてしまう恐れがある。

実際、おむつを当てている人もいます。下痢で内科を受診している人もいます。

原さんは、それぞれの車に行き、診察券を預かります。そして泌《ひ》尿器科や内科へ走り、患者さんの代わりに受付手続きを済ませて、受診票を本人まで届けます。

最初のうちは、「ああ、困ったなあ」と、「仕方なく」やっていたことでしたが、それがその後「当たり前」のこととなりました。現在では、患者さんの車や顔を見るだけで、診察の受付手続きを代行してあげるのが日常になってしまいました。

そんなことを続けているうちに、だんだんと駐車場で文句を言う人の数が減ってきました。ある日、長く並んでいる人に、「お待たせしてごめんなさい」と詫びると、「あなたが悪いわけじゃないよ」と言われてびっくりしてしまったそうです。

仕事を始めて数年後、料金が200円に値上げされました。しかし、誰一人苦情を口にする人はいなかったそうです。

そして、ある日、ふと気づきます。

「あれ？『うつ』が治ってる」と。

仕事の範囲を超えて人のために尽くす仕事をし、一日中太陽の日を浴びて生活していたおかげのようでした。

原さんは、考えました。「家族」って何だろう。

人は死を目の前にすると、さまざまな感情が表に出ます。父親が危篤というと、相続争いでもめる人たちもいる。誰がどれくらい看病したか、何度お見舞いにきたかを主張し遺産を多くもらおうという人もいる。

一方、「家族」でも何でもない「他人」なのにもかかわらず、自分のことを大切に思ってくれる人がいる。原さんは言います。

「大勢の患者さんから差し入れをいただきます。例えば、旅行に出かけて、私のためにお土産を買ってきてくださる方は、旅先でも私のことを思っていてくださるわけです。心の中に、『家族でもない』私のことを気に留めてくれることが嬉しくてなりません。

『家族の愛』を知らない自分だけど、やさしくしてもらうことで『愛』を知ったのです」

さらに、

「神様は、血のつながる『家族』ではなくても、『家族』と同様の『愛』があることを、この職場の仕事に就くことで私に教えてくれたのだと思うのです。

ひょっとすると、もっとさかのぼって、『家族』の『愛』に恵まれなかったことも、『うつ』になったことも、神様の導きだったのかもしれません」

ある年の雪の日のことでした。病院にのら猫が迷い込んできました。かわいそうで、原さんは自宅に引き取って飼うことにしました。

ところが、それを聞き付けた患者さんが、次々に原さんの元へ猫を持ち込んできたのです。いずれも、飼い主がいなくて困っている猫です。

このままでは殺処分になってしまいます。仕方がなく引き取っているうちに、その数は10匹にもなってしまいました。

数年が経ち、初めて家に来た1匹目の猫が息を引き取りました。その時、原さんは今まで抱いたことのない感情に襲われます。

「死ぬって、こんなに悲しいんだ。辛いんだ、と思いました。悲しくて、ずっと泣きっぱなしでした。

もともと、動物は好きではありませんでした。ところが、私も死んでしまった猫と一緒にあの世に行きたいと思ったほどでした。

以前、患者さんが亡くなった時、家族の人たちが『なぜ、泣いているのか』わかりませんでした。でも、自分の中にも、同じ感情があったことに驚いたのです」

そんな原さんは、患者さんだけでなく、そのご家族にも声をかけます。痛い、辛い、苦しい……患者さんは一番そばにいる家族に訴えます。それは、旦那さんや奥さん、子どもだったりします。一番しんどいのは本人ですが、その苦しみをぶつけられる家族も大変だといいます。

「一歩玄関を出たところで、家族に声をかけるんです。すると、まるで苦しいものを吐き出すかのように喋り出されるのです。人は人に話すと、それだけで楽になれる。ほっとするんですね」

また、

「障がい者のご家族はたいへんな苦労をしています。誰もが言います。『何度も死のうかと思いました』と。別に、苦しそうな顔をしているわけではありません。面倒を看ているお母さんたちは笑顔なのです。

でも、私は思うのです。『笑っている人ほど、悲しみを抱えている』のだと。

それは、ちゃんと向き合って話をしてみないとわからないのです」とも。


今日も、原さんは多くの人たちに声をかけ続けています。

「骨壺を忘れてきてしまったんです」

イギリスに本社を置くＳＫＹＴＲＡＸ社という企業があります。世界中の航空会社や空港を独自に調査し、格付け評価をしています。

そのＳＫＹＴＲＡＸ社が毎年実施している顧客サービスに関する国際空港評価「World Airport Awards ２０１８」で、中部国際空港（通称・セントレア）が「The World's Best Regional Airport」を受賞し世界一位になりました。

さらに、８年連続で「Best Regional Airport Asia Award」を受賞するという快挙を成し遂げました。

空港は、多くの企業体の集まりです。航空会社はもちろん、警備会社、清掃会社、売店やレストランなどのテナント、鉄道会社などの多岐にわたります。

そのバラバラの場所で、それぞれの仕事をしている人たちの心が、どうしたら一つになるのか。それが、最大の課題になります。

セントレアは2005年開港の比較的歴史の浅い空港です。ゼロからスタートし、短期間でCS世界ナンバー1となりました。その背景にある、象徴的なエピソードを耳にしました。

2016年のことです。お客様からセントレアの事務所に1通のメールが届きました。「困っていたとき、助けていただき、無事に予定の便に乗ることができました。ありがとうございました」という趣旨のもの。

その搭乗便は記されていたものの、助けたのが「誰なのか」わかりませんでした。あちこちと空港内のスタッフに聞き込みをし、ようやく対応したスタッフが判明しました。

それは、ANA中部空港の向井さんでした。今回、その向井さんにお目にかかる機会を得て、当時のお話を思い出しつつ教えていただきました。

向井さんはその日、ANAのカウンターの前に立ち、搭乗手続きをするお客様の案内業務に就いていました。すると前を通り過ぎる一組の女性が目にとまり、声をかけました。

それは、80歳くらいの母親とその娘さんでした。

「いかがされましたか?」

「骨壺を駐車場の車の中に置き忘れてしまったんです」

と娘さん。相当、慌てていらっしゃる様子でした。

「何時の便のご予定ですか?」

とさらに尋ねると、ANAではなくM社の那覇行きの便で、出発まで30分を切っていました。

「今日はこれから沖縄のお墓へ行って、父の納骨を行う予定なのです。車まで取りに行きたいのですが、外出さえ不慣れな高齢の母を一人置いて戻るわけにもいかず困ってしまって……」

「承知しました。それでは私がここで、お母様のそばに付き添わせていただきます。急いで取ってきてください」

それを聞き、娘さんは駐車場へ走りました。ところが、なかなか戻ってこられません。時計を睨《にら》みつつハラハラしました。

向井さんは心配になり、母親のことを仲間のスタッフに頼み駐車場へ駆けました。幸い、途中で骨壺を抱えて走ってくる娘さんと出会えました。

出発時間は迫っています。向井さんは、ゆっくりしか歩けないお母さんを気づかいながら、M社のカウンターまで付き添って搭乗手続きを済ませました。もう出発時刻も迫っていたので、そのままお客様を保安検査場までご案内。さらに、中にいたANAスタッフの仲間に声をかけ、ゲート番号を伝えて「よろしく！」と言い見送ったそうです。

なにしろ、忘れ物が骨壺です。それも飛行機に乗る目的が、故郷での納骨法要。忘れたら乗る意味がなくなってしまいます。その窮地を手助けしてもらったということで、お二人はどうしても感謝の気持ちを伝えたくてメールをくださったというのでした。

向井さんは日頃から、自らの事を少々「おせっかい」だと言います。よく道で困っている人に話しかけるそうです。

「今回、なぜ、母娘のお客様に声をかけられたのですか？」と尋ねると、向井さんはこう教えてくれました。

「空港では大勢の人たちが行き交います。そこには、一定の流れがあります。そんななか、歩き方が早い方や遅い方がいらっしゃると、自然に目が行くのです。

なぜなら、その方々は、何らかのトラブルを抱えていることが多いからです」

向井さんはいつも「困っている人がいないか」周囲に気を配りながら業務していることがわかりました。


さて、今回のお話。大勢の人が流れていくなかで、「困っていそうな」母娘にこちらから声をかけた、という「おせっかい」

自分の仕事だけで忙しいはずなのに、娘さんが骨壺を取りに行く間、お母さんに寄り添っていてあげたという「おせっかい」

他社のお客様にも関わらず、搭乗手続きのカウンターまで付き添い、さらに検査場まで同行し仲間につなぐという「おせっかい」

よく「おせっかい」が過ぎると、「ありがた迷惑」になると言います。

でも、もし向井さんが「おせっかい」をしなかったら、間違いなく二人は飛行機に乗れませんでした。


話を冒頭に戻しましょう。空港はさまざまな会社の集合体です。向井さんは、自分の勤めるＡＮＡのお客様ではないけれど、困っている人に手を差し伸べました。

向井さんは言います。

「それは、空港のお客様だからです」と。

ＣＳ世界ナンバー１になったのは、きっとセントレアの個々で働く人たちが、向井さんと同じようなスピリットを持っているからに違いないと思いました。

そんな一人ひとりが「つながる」と「大きな力」になる。

ラグビーの世界の有名な言葉を思い出しました。

One for all, all for One.

「一人はみんなのために、みんなは一人のために」

世界ナンバー1の陰にあるもの

「骨壺」のお話をうかがって、「向井さん」という人物に興味が湧いてきました。

そこで、不躾《ぶしつけ》な質問を投げかけました。

「向井さんの『おせっかい』精神のルーツはどこにあるのでしょう？」

するとたいへん困り顔。

「別に私は、いつもの普通のことをしただけですから」と言います。


じつは、私はこの答えを聞き慣れていました。一流ホテルのコンシェルジュやデパートの接客の達人にインタビューする際、同じ返事が返ってくるからです。

「デキル」人たちは、その行為が他人から見て「スゴイ」ものであったとしても、当の本人にとっては「ごく当たり前」のことなのです。

だから、「いつもの普通」のことなのです。

それでもしつこく「教えてください」とお願いすると、「ひょっとしたら……」と記憶の糸をたどりながら訥々《とつとつ》と話を始めました。

向井さんは以前、ＡＮＡテレマート（株）の、国際線電話予約センターで働いていたそうです。その時のお話。

お客様からの電話を受け、「どこどこ行きの便」の予約を入れます。でも、それで仕事は終わりではありません。

例えば、車いすを利用されるお客様だとすると、決まってお尋ねすることがあるそうです。それは、

「ご自分で歩くことはできますか？」「階段の上り下りはできますか？」

それにより、ロビーや機内、到着地でＡＮＡスタッフのお手伝いがどこまで必要か確認されています。

また、海外へ単身赴任中のお父さんに会いに行く、お子さんの一人旅の予約を受け付ける際には、

「お見送りの方のお名前と電話番号をお知らせください」

「お迎えの方のお名前と電話番号をお知らせください」

「お子様が話される言語をお知らせいただけますか？」

と尋ねます。搭乗便の予約をパソコンに打ち込むだけが仕事ではないと言います。

その他、向井さんは最後に決まって、

「その他、ご不明な点やご要望はございませんか？」

と尋ねるようにしていたそうです。

すると、「機内で薬を飲みたいので白湯を用意してほしい」とか、腰を痛めているので腰に当てるクッションがほしい」などのリクエストを頂きます。

向井さんは、その要望の一つひとつをパソコンに記録して申し送りします。この当時からすでに、向井さんの「おせっかい」精神は健在だったわけです。

ところが、です。向井さんは「その後」が気になって気になって仕方がなかったといいます。

もちろん、他の部署の仲間たちを信頼しています。

でも、「あの車いすのお客様は、無事着いただろうか？」

「お子さんは、お父さんに会えたろうか？」

「あのお客様は機内で腰が痛くならなかったろうか？」などと心配になってしまう。

電話だけではなく、直接お客様と接する仕事がしたい。

予約センターでの経験を生かし、空港でお客様と接する仕事がしたいという想いが強くなり、今の会社に転職することにしたのだそうです。

でも、向井さんは「ありがた迷惑」の「おせっかい」人間ではありません。話は、それよりもさらに以前に、伊丹空港で案内業務の派遣社員をしていた頃にさかのぼります。

ある日、たくさんの荷物を抱えた男性が目にとまりました。向井さんは何のためらいもなく駆け寄り、「お持ちしますね」と言い、一つの荷物を持って差しあげました。

喜んでいただけると思いきや。

「触るな！」というお叱りの言葉が飛んできました。

よほど貴重な物が入っていたのでしょう。

その時、向井さんは尊敬していた一人の先輩から諭されました。

「自分が良かれと思ったことでも、お客様が望んでいる事とは限らないのよ。そんな時、**『振り返りをする』**んです。今の行動をもう一度、振り返ってみなさい」

向井さんは、反省しました。もし、「お荷物をお持ちしましょうか？」と声がけしていたら、ひょっとするとスムーズに受け入れてくださったかもしれない。

それからというもの、常に向井さんは、「振り返りをする」ことを心がけるようになったそうです。

それはけっして、「おせっかい」を止めるということではありません。たくさんの「おせっかい」をするなかで何度も振り返る。

それを繰り返すうちに、いきすぎもせず不足もせず、お客様が心から望むことが経験の中から見えてくるのですね。

向井さんは、2017年セントレアのCSアワード年間グランプリとして表彰されました。

向井さんに、日頃一番に心がけていることを尋ねました。すると即答されました。

「そうですね。一人ひとりのお客様のニーズに合わせ、何かできることはないか、プラスαの対応を心がけています」

今回は、たまたま向井さんのお話にすぎません。CS世界ナンバー1に選ばれるということは、各セクションで働く人たちが、「プラスα」を心がけて仕事をしてこられた賜物なのだと確信しました。

第三章

その過去が明日の元気になる

義足のランナー

ホノルルマラソン、ニューヨークシティマラソン、東京マラソン、バンクーバー国際マラソン、ロンドンマラソンなど、数々のマラソンを完走している友人がいます。沖縄で、車検工場を営む島袋勉さんです。

「走る」ことは、ブームと呼べるほど多くの人たちに広まってきました。そのランナーたちが、一つの目標とするのがマラソンの完走です。

42・195キロを二本の足で完走すること。それだけで至難です。ところが、島袋さんには、その二本の足がないのです。両足とも義足なのです。

島袋さんが挑むのは、マラソンだけではありません。ツール・ド・おきなわ沖縄一周323キロ、愛知県知多半島から鹿児島まで1・310キロ自転車完走、駿河湾海抜0メートル地点から富士山5合目まで自転車で、その後徒歩で登頂するなど、登山や自転車によるチャレンジも続けています。

さまざまな大会への出場数は、なんと97回にも及びます。超人とも呼ぶべき偉業の源はいったいどこから湧いてくるのでしょうか。

2001年4月10日午後10時5分頃、島袋さんは千葉県船橋市の電車の踏み切りで事故に遭いました。

意識が戻ったのは、その二日後でした。背中が痛いので寝返りを打とうとするのですができません。「おかしい」と思ってシーツをめくったその時でした。両足が無いのを目の当たりにしてぼう然としました。

その上、脳の機能障害も起こしてしまい、つい先ほどの出来事さえも忘れてしまう状態になってしまいました。さらに人の顔が二つにも三つにも見えました。ベッドの上に座ろうとするのですが、すぐにめまいを起こし、気分が悪くなるのでした。

そんななか、右足の親指が締めつけられるように痛みました。左足の中指は刺されるように痛い……いや、そんなはずはない。両足ともないのですから。

島袋さんは、これを「幻肢痛《げんしつう》」と呼ぶことを初めて知りました。痛みで眠ることさえできません。


ある日、真夜中、痛みで眠れずにいると、看護師さんに声をかけられました。

「島袋さん、運が良かったですね」

「え!?」

島袋さんは目を丸くしました。両足が無くなって「運がいい」わけがない。首を傾げていると、こう言われました。

「義足を履いたら歩けるようになりますよ」と。

とても信じられませんでした。これから自分は、ずっと車いすの生活だと思っていたからです。そんな慰めにもならない言葉は聞きたくない……。


そんななか、リハビリを始めた頃のことです。病院の電話番号を伝えるため、実家に電話をかけました。母親が出ました。

「痛い?」と聞きます。

痛いに決まっています。傷の周辺を氷で冷やし、痛み止めを飲み、座薬まで使って痛みに耐えているのです。

心配をかけないようにしようと、できるだけ明るい声で答えました。

「そりゃ痛いよ」

すると、母親は、

「そんなに痛い思いをして、何も学ばなければただのバカだよ。アハハハハ」

と笑って言いました。島袋さんは、その笑い声を聞いて思いました。

自分は、何と言ってもらいたかったのか？

長く病院生活を続けていると、すっかり同情の言葉に慣れてしまう。

「痛いでしょ。大丈夫？」と言われることを期待していたことに気づきました。

「甘えている自分がいる」

「ああ、これではいけない」

「そこから何かを学ばなければいけないんだ」

このときから、日々の努力の中から何かを学ぼうと意識するようになり、周囲の光景がいろいろな色に変わって見えるようになったといいます。

一つ、私自身にも思い当たることがありました。生死をさまようような大病をしたときのことです。

完治はしないと言われ、退院後も薬の後遺症に苦しみ、「もう俺の人生は終わりだ」と落ちこんでいました。そんなとき、お医者さんに言われました。

「病気は気づきです。なぜ、そうなったのか、気づいて学ぶことが大切です。気づくために、神様があなたを病気にしてくださったのです」

もちろん最初は反発しました。でも、その言葉のおかげで「心の持ち方を変えよう！」と努力するようになったのです。


さて、そこから島袋さんは、妹さんのサポートを得て、猛烈な、かつ過酷なリハビリを始めたのでした。切断された部分に包帯を巻くと、義足が履けなくなります。包帯なしで義足を履けば猛烈な痛みが襲います。

それでも「痛みは怖くない。怖いのは歩けなくなることだ」と歩行練習を続けました。

朝、6時に起きると、病院の周りをぐるぐる回って歩く練習をします。長時間歩くと、切断部分に傷ができ痛くなる。それが看護師さんに見つかると包帯を巻かれるので、「痛くないフリ」をしますが、結局バレてしまう。

それでも島袋さんは、リハビリを止めませんでした。

その病院には義足を作る制作室がありました。ある日、義足を作ってくれる人が島袋さんの元にやってきて、1枚の写真を見せてくれました。それは、シドニーパラリンピックで両足とも義足の人が走っている姿でした。

「時間はかかるかもしれないけれど、訓練をすれば走れるようになりますよ」

と言い、その写真をプレゼントしてくれました。

「両足が無いんだから、ただ普通の生活ができればいい」と思っていた島袋さんでしたが、大きな目標ができました。

「マラソンを走りたい」

誰もが無理だと思いました。その写真を見せて励ましてくれた人さえも。

しかし、島袋さんは挑みました。痛みと戦いつつ、言葉にできないほどの練習を積み重ね、なんと義足でホノルルマラソンを完走してしまったのです。

その島袋さんから教えられた言葉があります。

「悩んでいることなんて、時間の無駄なんだ」

辛いとき、苦しいとき、島袋さんの笑顔と共にこの言葉を思い出します。

〝自分を幸せに導く生き方〟3つのルール

島袋勉さんは、リハビリを進めるうち、「現状を受け入れなければならない」ということに気づいたといいます。両足が無くなってしまったとか、身体障害者になってしまったとか。そんなことで、ショックを受けていてはいけないんだと。

かといって、言葉で言うのは簡単です。それをどうやって自分の行動で表したらいいのか。次の3つのことを考えたそうです。

一つ目は、**「無い物ねだりをしないこと」**です。

無くなった二本の足は、もう二度と生えてきません。

だから、「足があれば」という言葉を使わないでおこう。何かできないことがあったときに、「足があればできるよ」などと言わないようにしよう、と決めたのです。

二つ目は、**「言い訳をしないでおこう」**ということでした。

何かできないことがあったとき、「足が無いからできないんだ」とか、「記憶障害があるから覚えられないんだ」「目が悪いからできないんだ」などという「言い訳」を、けっして言わないぞ、と決めたのです。

そして三つ目。

それは、**「自分の悪いところを隠さないでおこう」**と思ったのでした。

島袋さんの講演を聴き、著書も読んだ私は、もっと、もっとその熱いハートに触れたくて会いたくなりました。連絡を取り、初めての面談に出かけました。

待ち合わせ場所は、沖縄の那覇市内にあるホテルのラウンジでした。島袋さんをずっとサポートしてこられた妹の智美さんと一緒に現れました。

私は、その姿を見た瞬間、ドキッとしました。両足は義足です。もちろん知っています。でも、短パンをはいているので、膝から下には金属の義足がむき出しになって見えていたのです。

サッと差し出された手と握手をしながら、私は少し動揺していました。

てっきり、長いズボンをはいていると思い込んでいたからです。

私たちの隣の席にいたご婦人方は、その姿を見てギョッとした表情をされました。もちろん、島袋さんは何も気にしていません。

話の途中で、その「短パンスタイル」のことにご自分から触れられました。

島袋さんがニューヨークへ行かれた時のことだそうです。

街中を歩いていて、信号待ちで交差点に立っていた。すると、何人もの通行人が「両足とも義足」であることが珍しくて、近寄ってきて眺める。

一人の幼い子どもが島袋さんの両足を指差して、ママに向かって言ったそうです。

「なんで足が無いの？」

島袋さんは言います。

「日本だったら、こういうとき、母親は『見ちゃいけません』というような、見て見ぬフリをさせます。でも、アメリカではちがったのです」

幼い子どものママは、「足が無くなったから、義足をしているんだよ」と、ちゃんと説明したといいます。

この話を聞いて、私も思い当たることがいくつもありました。電車に乗っていて、同じ車両に乗り合わせた知能の障がいのある人が、少し大きな声をあげたときのことです。小学生の子どもが「何を言ってるの？」と母親に尋ねたら、母親は「シー」と口に手を当てて子どもを強く引き寄せたのでした。

まるで、「関わっちゃダメ」とでも言うように。

じつは、私の弟は、心身ともに障がいがあります。多くの人たちの善意によって生きてこられました。

でも、「見て見ぬフリ」という空気を何度も間近にしたことがありました。

さて、ここで島袋さんの「現状を受け入れる3つのこと」に戻ります。

最後の1つの「自分の悪いところを隠さないでおこう」です。

島袋さんは、これは「見てわかる」ことなので、比較的簡単に実行できると言います。そうです。短パンで義足をニョキッと出すだけなのですから。

でも、私だったら、それができるだろうか。普通なら、自分の弱点、欠点は見せたくない。いや、隠したいものです。

ましてや……。それを笑顔でやっている。なんという強い人なのだろうと尊敬しました。

島袋さんは、社会復帰を遂げマラソンに挑む過程で、「これまで、たくさんの人たちから手を差し伸べてもらった。何か恩返しをしよう」と考えました。

そこで、講演活動を始めたのです。その数は、1，150回を超えました。特に小・中・高等学校での講演が多く、地元沖縄では、かなりの有名人です。

その際、島袋さんは、あえて長ズボンをはかないそうです。いつも短パンで義足を見せます。それだけではありません。壇上でイスに腰かけ、カチッカチッと義足を取り外して、子どもたちに切断された膝と義足を見せるのです。

当然、子どもたちはショックを受けるでしょう。

でもそれは、子どもたちに「どんな苦難にも負けない心」を養ってもらいたいからだと言います。

そのため、島袋さんがスーパーに買い物に出かけると、見知らぬ子どもたちが駆け寄ってくるそうです。

「島袋さーん」

と親しげに。学校で講演を聴いたことのある子たちです。

ある時、島袋さんが街を歩いていると、一人の小学生が息せき切って走り寄ってきました。そして、夢中で話しかけられたそうです。

「僕ね、◇◇小学校の○○△男です。夢はサッカー選手になることです」

彼にわざわざ「将来の夢」を宣言しにきたのでした。

そうです！　まちがいなく、島袋さんの行動は、多くの人たちに勇気を与えているのです。

またある日のこと。朝、自転車で走っていて信号待ちで止まっていると、

「島袋さーーん」

と声がしました。歩道を見ると高校生がいました。目が合うと、

「昨年、お話ありがとうございました。僕もがんばります！」

と、一礼してくれたそうです。

「現状を受け入れる3つのこと」

それは身体にハンディを持つ持たないに関わらず、すべての人を「幸せ」に導く「生き方」です。

天国の特別な子ども

愛知県稲沢市の名郷《なごう》由香さんが輝笑《きえ》ちゃんを産んだとき、「あ、この子はダウン症かもしれない」と思ったと言います。

それは特に科学的な根拠があってのことではありませんでした。

名郷さんは幼い頃から、障がいのある子どもと遊ぶのが好きでした。小学校のときには、休み時間には特殊学級へ行くという変わった子どもだったそうです。高校時代には、障がい者施設にボランティアにも出かけていました。

だから、第六感でそう思ったのだと言います。


検査をすると……やはりダウン症でした。予期していたにもかかわらず、それが現実のものとして突きつけられると、ショックを受けました。

「もう死んでしまおう」とも思いました。そして、「自分の責任だ」と毎日毎日、自分を責め続けたそうです。

「神様は私が今までしてきたことのすべてを見ていて、罰を与えたんだ」としか考えられませんでした。

輝笑ちゃんの心臓には穴が開いていて、家に連れて帰ることはできません。新生児特定集中治療室へ泣きながら毎日会いに行く日々でした。

「恥ずかしい話ですが、病院へ行くとき『死んでいて欲しい』などと思ったこともあります」

なんとも辛い話です。それほど追いつめられていたのですね。

そんな名郷さんは、ある日、一編の詩に出逢います。エドナ・マシミラ作・大江《おおえ》祐子《さちこ》訳の「天国の特別な子ども」です。

「天国の特別な子ども」

Edna Massimilla（大江祐子訳）

会議が開かれました。地球からはるか遠くで。

「また次の赤ちゃん誕生の時間ですよ」

天においでになる神様に向かって、天使たちはいいました。

「この子は特別の赤ちゃんで、たくさんの愛情が必要でしょう。この子の成長はとてもゆっくりに見えるかもしれません。

もしかして一人前になれないかもしれません。

だからこの子は下界で出会う人々に、

とくに気をつけてもらわなければならないのです。

もしかしてこの子の思うことはなかなかわかってもらえないかもしれません。

何をやってもうまくいかないかもしれません。

ですから私たちは、この子がどこに生まれるか、

注意深く選ばなければならないのです。

この子の生涯が、しあわせなものとなるように。

どうぞ神様、この子のためにすばらしい両親をさがしてあげてください。

神様のために特別な任務をひきうけてくれるような両親を……。

その二人は、すぐには気がつかないかもしれません。

彼ら二人が自分たちに求められている特別な役割を……。

けれども天から授けられたこの子によって、ますます強い信仰と豊かな愛をいだく

ようになることでしょう。

やがて二人は、自分たちに与えられた特別の神の思し召しをさとるようになるでしょう。

神からおくられたこの子を育てることによって、柔和でおだやかなこの尊い授かりものこそ、天から授かった特別な子どもなのです」

公益財団法人日本ダウン症協会（JDS）「この子とともに強く明るく」掲載

（アメリカ・ペンシルベニア州ハートボロ　私書箱21号

This Is Our Life Publicationsより許可を得て掲載）

この詩を読んだ名郷さんは、**「ああ、私たちは神様が選んでくださった夫婦なんだ」**と思い、立ち直ることができました。

名郷さんは、輝笑ちゃんが「生まれてきてよかった」と言ってくれたらいいなぁ、と思い一生懸命に愛情を注いで育ててきました。輝笑ちゃんはおしゃべりが大好きですが、言葉は不明瞭。でも、周りの人たちを笑顔にしてくれるそうです。

輝笑ちゃんのお婆ちゃんが体調を崩して入院したときのことです。無事、退院して帰宅すると一言。

「お婆ちゃん、帰ってきてくれてありがとうね」

と抱き付きました。お婆ちゃんは嬉しくて思わず抱きしめ返したそうです。


輝笑ちゃんは小学校を卒業し、特別支援学校の中等部へ進学しました。

お母さんにいつもこう言ってくれるそうです。

「ママ、キエを生んでくれてありがとう」

名郷さんの願い通りに育ったのでした。


名郷さんは輝笑ちゃんを生んだことで、自分自身の生き方や考え方が変わったそうです。

何かを求めるのではない。

ただただ、与えることを自分の喜びだと思っている輝笑ちゃんを見て。

輝笑ちゃんのおかげで誰にでも優しくなれる。

輝笑ちゃんのおかげで、与える喜びを感じられる。

輝笑ちゃんのおかげで、素敵な出逢いがある。

輝笑ちゃんのおかげで、どんなことが起きても感謝できるようになった。
神様が私たち夫婦に伝えたかったのは、このことなんだなと確信したそうです。

名郷さんは言います。

「こんな素晴らしい気づきをさせてくれる子が欲しい、と思っても生まれてきません。本当にありがたいです」と。

人は、自分の力ではどうしようもない壁にぶち当たることがあります。
なかには「どうして自分だけが」というような不条理と思えるピンチに遭うこともあります。

でも、そこで人生を悲観して絶望するか、それとも、すべてを一旦受け入れて前向きに立ち向かうか。

名郷さんの生き方は、生きる勇気をもたらしてくれます。

そして、ちっぽけなことで悩んでいる自分が恥ずかしくなるのでした。

今日一日だけ、生きてみない？

私の母は、苦労ばかりの人生を歩んできました。

私が物書きの仕事を始めた頃、母にこう言われました。

「物書きは、家族の恥ずかしいことも面白おかしく書くのが仕事かもしれないけれど、私が生きているうちは私のことは書かないでよ。私が死んだらあなたに任せるわ」と。


母が亡くなった後も、母の苦労話を封印してきました。

母の七回忌も過ぎ、「そろそろいいかな」と思っていたところに、前話で紹介した名郷由香さんとの出逢いがあり、「天国の特別な子ども」の詩を知りました。

「母がもし、この詩のことを知っていたら、少しは気持ちが楽になったのでは」と思い、心の封印を解きペンを執ることにしました。


私には重度の障がいを持った弟がいます。生後一年頃に高熱を出し、それが原因で脳性小児まひにかかりました。

知能の発達が遅れ、左半身が麻痺《まひ》して動きません。母は、一縷《いちる》の望みを託して、人づてに評判を聞いてあちこちの病院を訪ねました。

「どうか治してください」と。それは県外の病院にも及びました。

ある時、出産をした大きな総合病院の主治医にこう言われました。

「いろいろ病院を回っているそうだけど、無駄だからやめなさい」

それは、「治らないよ」という宣告でした。

のちに母は言いました。「それにしても、あんな冷たい言い方をしなくても」と。

その言葉を聞いた母は、その後、弟を背中に負い、病院の階段をのぼって屋上へ行きました。そう、飛び降りようと思ったのです。

でも、そう簡単に死ねなかった。思い留まって下まで降りてくる。また階段を上る。何度も何度も1階と屋上を行き来したと言います。

ふと気づくと、女学生時代の友達の家の前に立っていたそうです。

そこまで、どうやって来たのかも覚えていない。いつの間にか雨が降り出していました。呼び鈴を押すと、友達のトクちゃんが出てきました。玄関の前で、ずぶ濡れになって立っている母の姿を見て、驚いて中に招き入れてくれたそうです。

そして、辛くて辛くて死のうと思ったけれど、死ねなかったと泣きながら話しました。トクちゃんは、母を抱きしめて黙って一緒に泣いてくれたそうです。

お互いに泣き疲れて、顔を見合ったとき、トクちゃんは母にこう言いました。

「辛いねえ。わかった。でもねえ、タカちゃん。

今日一日だけでいいから生きてみない？」

母は、「今日一日だけ」と言われ、無意識に「うん」と頷いていました。

そして、「わかった。一日だけなら生きられるかもしれない」と答えたそうです。

そして翌日のことです。トクちゃんに会って言いました。

「トクちゃん、ありがとう。私、一日生きられた！」

「じゃあ、もう一日だけ生きてごらん」

「うん、一日だけなら生きられるかもしれない」

そう言い、また翌日になりました。

母は、この話を亡くなる3か月くらい前に聞かせてくれました。自分は、そう思って一日一日を生きてきたのだと。気が付いたら50年も経っていた。

「今生きているのは、トクちゃんのおかげよ。そしてね、もし私が死んでいたら、あなたを育てられなかったわ。生きててよかった」

母が危篤状態になったとき、トクちゃんはホスピスまで駆けつけてくれました。

その二人が楽しげに話をする様子は、まるで女子高生のようでした。

50年以上前のことです。今とちがって、当時は障がい者に対する世間の風はけっして温かいものではありませんでした。人の心に差別意識もあったように思います。

その苦労を文字にしたいのですが、壮絶すぎて書くのがはばかられることばかりです。書けば、書かれた人を非難することにもなります。

弟の介護で困って区役所に相談に行ったとき、担当者にこう言われたそうです。

冷たく「何しに来たの？」と。どこにも誰にも相談できる窓口のない時代でした。

母は、苦労人です。

それを見ながら育った私は、ある日、母と話していてこう言いました。

「苦労しないで楽しく人生を送りたい」

母は、急に真顔になって言いました。

「苦労のない人生なんてありえないよ。苦労しない人はバカになるわよ」と。

私は反発しました。その意味が理解できたのは、40歳近くになってからでした。


どんな苦労も、「今日一日だけ頑張って生きてみよう」と思えば、きっと乗り越えられる。母の生き様自体が無言の教えでした。

たぶん母は、その苦労が神様から与えられたものだと悟っていたのだと思います。だから強かった。だから温かかった。だから優しかった。

もし今、苦労のどん底の方がいたら死なないでください。

ぜひ「今日一日だけ」生きてみてください。

そしてまた明日、「今日一日だけ」生きる。

また一日、また一日と。

ベストセラーを生んだ一言

平成12年3月、私は、念願だった初めての本を出版することができ、天にも昇る気分でした。『いい話　こころに一滴、たちまちさわやか』（ＪＤＣ）という本です。

その後、立ち上げることになる「プチ紳士・プチ淑女を探せ！」運動へと結びついていく「心温まるいい話」集です。

「いつか、本を出したい」というぼんやりとした「夢」でしたが、ご縁がご縁につながり、「いつか」が現実となったのです。

でも、初めての著作であり、まったくの無名人の本が売れるわけがありません。当時、全国の書店数は約2万1千店（現在は約1万3千店）。初版は、3千部。

そして、一年間に日本国内で出版される本の数は、7万点と言われています。単純に計算しても、無名の新人の本が書店の棚に並べてもらえるわけがありません。

そこで、私は地元の書店さんに、「この本を置いてください」と頼んで回ることにしました。

まずは、なじみの書店チェーンの地下街のお店でした。恐る恐る「店長さんはいらっしゃいますか?」と訊き、カバンから本を取り出します。

開口一番、こう言われました。

「うちは、自費出版の本は置きません」

「いえいえ、自費出版ではないです」

そう答えつつ、声に元気がなくなりました。というのは、初版3千部のうち、千部を著者が買い取るという条件で、出版してもらったからです。

いわゆる「準・自費出版」。

「じつは、新聞のコラムで紹介していただけることになっていまして……」と言うと、店長さんは困り顔で、「もし、本当に掲載されたら考えてみるわ」と言い、奥に戻って行かれました。

その日の昼間に、新聞社さんから電話があり、「コラムに取りあげたい」と言われていたことは事実でしたが、掲載される保証はありません。

次に訪ねた書店さんでは、「地元でサラリーマンをしています。初めての本を出しました。よろしくお願いいたします」と頭を下げ、本を手渡しました。

するると、店長は、「こんなのいらん！」と言ったかと思うと、本を投げ捨てるように私に突き返したのです。

べつに、悪いことをしているわけではありません。

ただお願いをしているだけ。それなのに「本を投げる」なんて……。

私は、初めての本を出したという喜びから、奈落の底に突き落とされた気持ちになっていました。その後、何軒もの書店さんで同じような対応を受けました。

でも、今だからわかります。私の行為は、書店さんにとってみれば、迷惑だったのです。売れる見込みのない本をセールスされても困ります。

書店の棚には限りがある。それなら誰でもベストセラー作家の本を置きますよね。

また、アポもなく、突然やってきたら営業の邪魔になります。相手の立場に立ってみたら、当然のことでしょう。

しばらくして、新聞のコラムに私の本が紹介されました。ものすごく嬉しかった！

その勢いで、新聞のコピーを持って、再び書店さんを回りました。

それでも、ある書店の担当者さんにまたまた突き返されました。私は、教えを乞おうと思い、「なぜ、置いていただけないのか、教えていただけますか？」と尋ねました。

すると、「その理由をあなたに話す必要はない」と冷たく言われてしまいました。普通の会話さえしてもらえないなんて。

少なくとも、私はその書店のヘビーユーザーです。

「そこまで言わなくてもいいのに……」と泣きたくなりました。

悔しくて、悔しくてたまらない。帰り道に、ケータイで友達に電話をして愚痴っていました。

その友人は、経営コンサルタントをしており、大手の出版社から何冊も本を出していま す。私の話を聞き終わると、彼は静かに言いました。

「君の本は読ませてもらったよ。ものすごくいい本だ。なにもガッカリする必要はないよ。

いつの日か、向こうから『志賀内さんの本を置かせてください』と言われるような本を書

けばいい。そういう人間になればいい」

私は、愕然としました。自分が無名であることは自分の責任です。

それを棚にあげて、扱ってくれない書店さんを恨んでいる。

顔から火が出るほど、恥ずかしくなりました。

今では、20数冊の本を書き、全国の書店さんが私の本を置いてくださるようになりました。それも、「あの日」の彼の「一言」のおかげです。

それでも、たった一店舗、私を温かく迎えてくれたお店がありました。三省堂書店・名古屋高島屋店さんです。名古屋で最も大きな書店です。男性店員のNさんは、私の名刺をうやうやしく受け取り、

「へえ～サラリーマンをしながら、すごいですね。デビューおめでとうございます。地元の作家さんは応援しなくてはいけないので、50冊注文させていただきます」

（え⁉）

なにかのまちがいじゃないのか。私は、初めて厚遇されたことで、反対に戸惑ってしまいました。良くても「じゃあ、3冊置いてみようか」というのが普通です。

その数日後のことです。再び、Nさんにお礼に訪ねると、こう言われました。

「よく売れていますよ！　本当に新聞のコラムに掲載されましたね。朝、起きて朝刊を開いてびっくりしました。『昨日来たあの人の本だ！』と。

これは売れると判断し、取次店を通すと時間がかかるので、直接、出版社に電話をして追加で50冊送ってもらいました」

その機転のおかげで、売れに売れました。Nさんのお店だけですが……。

「1冊だけでも、出せたら幸せ」と思っていたのに、欲が出てきます。

そして、2冊目、5冊目と本が出ます。なかなか売れない。

重版がかかった本もありますが、ベストセラーというわけにはいきません。だんだんと、欲の中身が「ベストセラーを出したい」というものに変わってきました。

売れないことほど、辛いことはありません。くじけそうで、もう書くのが嫌になったこともあります。

そんななか、Nさんは、大阪、東京と転勤の先々のお店で、私の本を応援してくれました。

そして、あるときのことです。東京へNさんを訪ねた際に、私が「ずっとデビューから応援してくださっているのに、ごめんなさい」と謝ると、こう言われました。

「私の夢は、志賀内さんの本をベストセラーにすることです」

感激しました。泣けてきました。そんなに私のことを思っていてくださったとは。

帰りの新幹線で心に誓いました。

「Nさんの応援に応えたい。必ず、ベストセラーを出すぞ！」と。

21冊目の本『Ｎｏ．１トヨタのおもてなし　レクサス星が丘の奇跡』（ＰＨＰ研究所）は、おかげさまでベストセラーになりました。

「あの日」のNさんの「一言」のおかげです。

「あなたは、会社を辞めたのではありません」

10年余り前のことです。その頃の私は、どこにでもいるサラリーマンをしていました。どこにでもいる中間管理職で、上司と部下の間で悩む日々を送っていました。

ただ、ちょっとだけ違っていたのは、会社の仕事以外の活動を手がけていたこと。もう物書きの仕事をしていて、本を出し、地元の新聞や雑誌に連載も持っていました。

たくさんの異業種交流会に参加したり、町おこしイベントをプロデュースしたり、市民活動に参加したりと、何足ものわらじを履いていました。仲間とフォークバンドを結成し、プロデビューを目指して、インディーズですがCDを何枚も発表していました。

そしてもう一つ。「世の中を思いやりでいっぱいにしよう！」という志の元に集まった人たちと、「プチ紳士・プチ淑女を探せ！」運動をスタートさせていたのでした。

そんななか、以前からふせっていた父の看病をしていた母が、病に倒れてしまいました。

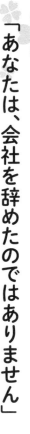

これを青天の霹靂《へきれき》と呼ぶのでしょうか。妻と私は、両親の看病・介護の生活に入り、我が家は最大のピンチを迎えました。

私は、会社と病院と自宅をくるくる行ったり来たりする生活が始まりました。

例えば、ある一日の出来事です。

朝、起きるとすぐに、母屋で療養中の母親の様子を見に行きます。

その後、出勤途中、携帯電話で何本かの「会社の仕事以外の仕事」の打ち合わせをして会社に到着します。

猛烈な勢いで書類を片付け会議を済ませます。その日は、事前に午後から半日の有給休暇を取ってあり、ランチもおざなりにして、そのままタクシーに飛び乗ります。

父の入院する病院へ。お医者さんから経過報告を受けるために病室で待ちます。

……ですが、なかなか先生は現れず、結局3時間待ったにもかかわらず急患とかで、延期になり自宅へ戻り母の様子を見ます。

休暇を取ってはいるものの、仕事がたまっているので、再び会社へ戻ると「待ってました」とばかりに、いくつもの相談案件が、上からも下からも持ち込まれます。

夜は、自分の持病を治療するため別の病院へ。その合間を縫って、連載の原稿を書いたり、「プチ紳士・プチ淑女を探せ！」運動のPRの仕事をしたりしていました。

もうフラフラです。いつ病院から緊急の電話が入るかもしれず、枕元には携帯電話と電話のコードレス受話器を置いて眠っていました。


看病する側の私が、お医者さんから言われてしまいました。

「あなたの方が心配だよ」

看病している人も共倒れしてしまう、という話をよく耳にします。じつは、母も、父親の長年の看病疲れから倒れてしまったのでした。その上、お医者さんからはもう手遅れだと言われました。余命は3～4か月と。

私は、さらに身体のあちこちに、ストレス性の症状が起きていました。耳鳴り、胃潰瘍、膀胱《ぼうこう》炎、不整脈……。

そんな無理な生活が、長く続けられるはずもありません。

自分では気が張っていて、「まだまだ大丈夫」と思っていましたが、やがてドクターストップがかかりました。

かかりつけのお医者さんのアドバイスを受け、まず介護休暇を取りました。社内の男性では、初めてのことでした。その期限が切れ、未消化の有給休暇を取りました。

そして、それも無くなり、川の流れに身を委ねる如く、会社へ辞表を出しました。

何年か先には独立しようという夢がありました。でも、「少なくとも、定年よりは前に」という「ぼんやり」とした思いでした。

それが、こんなふうに、無計画に退職することになろうとは、予想もしていませんでした。人生はわからないものです。

「会社を辞めちゃいました！」とニュースレターで友人・知人らに、少しおどけて報告したら、皆が心配してくれました。

「身体は大丈夫か」「どうやって食べてゆくのか」「一年間くらい傷病休暇は取れないか」などなど。

本当にたくさんの温かい声をかけてもらい、何よりの心の励みになりました。

さて、そのうちの一人の友人から一通のハガキが届きました。

そこには、こんなことが書かれてありました。

「会社を辞めたと聞きましたが、それはちがいます。辞めさせられたのです」

ここまで、読んで、ドキッとしてムッとしました。

「辞めさせられたとは何事だ。失礼な奴だなぁ」と。

しかし、その文面には続きがありました。

「あなたの会社での役割は終わったのです。世の中のために働きなさいと神様が会社を辞めさせたのです」

泣けました。もう言葉もありませんでした。


よく「天命」と言います。

「神様が会社を辞めさせた」と言われれば、それこそが「天命」。

萎えていた心がムクッと起き上がりました。

そして今、微力であることは承知しながらも、「プチ紳士・プチ淑女を探せ！」運動をコツコツと広めています。

生死をさまよった人だけが知っていること

２０１０年6月13日の夜のことです。愛知県瀬戸市で中学校の先生をしている中村公城さんは、車の運転中に急に気分が悪くなりました。

田んぼの真ん中の細い道の路肩に車を停め外に出て休むことにしましたが、どんどん悪化するばかり。とうとう食べた物を吐いてしまいました。

さらに身体が狭いところに挟まれて痛いような感覚に襲われます。

そして、ついにそのまま記憶が途切れました。

一か月後。気がつくと中村先生は病院のベッドの上にいました。いったい何が起こったのかわかりません。担当の医師の説明を聞き驚きました。

急性硬膜下血腫になり、命の危険な状態にあったというのです。

意識を失う二日前に、教室に落ちていた画鋲《がびょう》を拾おうとして、教壇の下で頭を打ったことが原因のようでした。

発見されたのは、ほとんど人も車も通らない道。たまたま通りかかった一組の家族が「ただの酔っ払いにしては妙だ」と思い、救急車を呼んでくれ、一命を取り止めることができたのだと知りました。

この時、公城さんのお母さんがつけていた日記の一部を紹介させていただきます。

「命の保証は……7対3、いえ80％……。たとえ助かっても重い障害を持ちながら生活できる状況まで回復できるのは20％くらいです。どうされますか？」

こんな状況のとき、家族はどうすれば……。

「瞳孔が開いて緊急を要します。至急、来院してください」

病院に着くなり、渡されたのは切り裂かれた泥だらけの衣服。

脳外科医や麻酔医などから説明を受ける。

わかったことは、

「緊急手術以外に命を助ける道はないこと」

「たとえ手術で助かっても重い障害は免れないこと」

私が決断できずにいると、夫がすぐに同意書にサイン。

「迷っても仕方がない。こうしている間にも公城は死んでいくんだ！」

あとは、祈るだけ。


手術はなんとか成功。ただ、そこから闘病生活が始まる。

頭蓋骨をとり、脳が見える状態でＩＣＵに入った。

一カ月後に冷凍保存されていた頭蓋骨を頭に戻してから、一般病棟に入る。

ただ、数人で抱えて起こしても操り人形の糸が切れたような状態で座ることもできず、立つ・座る・「ア～」と声を出すところから始まったリハビリ生活。

「こんなことも覚えられないの？　こんなこともできないの？」

リハビリ支援員の容赦ない言葉を浴びて、公城が初めて弱音を吐いた。

「できないから学びに通っているのに……」と。

障害者にとって当たり前のことが、当たり前にできないつらさを味わった。

ある日、息子の部屋のドアに**「教師復帰」**と大きく書かれた紙が貼ってあった。

私は、公城に命があっただけでも良かった。会話ができるだけでありがたい。あれが食べたいと食事をしてくれるだけで良いと思っていた。

しかし、苦しいリハビリの先へ、一歩一歩進もうとする公城の闘志を見た。

今よりも一つでも多くのことを学ぼう、取り戻そうと、がんばっていたんだ……。


今、普通に会話をして、仕事に行って帰ってくる公城。

こんなたわいのない日々の生活が送れている幸せ。

手術をして良かった。挑戦して良かった。

あのとき、公城は生きたいと願っていたのだ。

そんな経験をした公城だからこそできる仕事があるはず。

公城を心の糧としている人が目の前にいるはず。

あのとき、毎日といっていいほど、多くの生徒さん、先生、友人、知人の方々が励ましの面会や手紙をくださった。今がこうしてあるのは、たくさんの人のおかげだ。

私は公城に教えられた。

「今日ある当たり前の事が明日あるとは限らないんだ」

だから今を大事にしようと。

そして、最悪の状況でも諦めなければ何とかなる。転んだら起きあがれば良いのだから、すべての出来事に、すべての人に感謝しようと……。

お母さんの身を切られるような苦しみが伝わってきます。子どもを思う気持ちは、**「無償の愛」**だと言います。代わってやりたくてもかなわない。

この日記から、お母さんの「祈り」が伝わってきます。

この事故に遭うまでの中村先生は、母親には誕生日に花をプレゼントするくらいで、最低限の会話をする程度の関係だったそうです。一緒に行動することが恥ずかしいと思うことすらあったと言います。

しかし、この事故を機に変わりました。

リハビリにずっと付き合い、自分のために涙を流す母親を見て、自分はなんて情けない男だったのかと恥じたと言います。

事故の「おかげ」で母親はもちろんのこと、父親にも妹にも感謝の気持ちで接するようになったそうです。

生死をさまようと、人は身近にある幸せに気づきます。

今まで見えていなかったものが、見えるようになるのです。

二度と訪れない今日のために

中村公城先生は、事故の「おかげ」で改めて母親への感謝の気持ちを見出すことができました。

それだけではありません。

すべてのことに感謝するようになったのです。


中村公城先生は奇跡的に意識が戻りました。

そのとき、頭に浮かんだのは「学校へ行かなくちゃ」という考えでした。

もちろん、そんな状態ではありません。ベッドから起きあがることすらできないのですから。

楽天的な性格だから？　……いや、そうではありませんでした。

現実の厳しさをまだ理解できていなかったのです。

少しずつリハビリを始めると、その「壁」の大きさに心を打ちのめされます。今日が何月何日の何曜日なのか。つい先ほどの昼食は何だったたか。そんな簡単なことがわからないのです。

脳の回復は、ダメージを受けてから6カ月が勝負といわれているそうです。

このままでは、教師どころか一人で生活することすらできない。

情けなくて「死にたい」と何度も思いました。

将来への不安と戦いながら、中村先生は必死でリハビリに取り組みました。

そんなとき、職場の友人がお見舞いにきてくれました。教え子の一人は、わざわざ東京から駆けつけて「先生、頑張って」と励ましてくれました。

そのとき、中村先生は思ったのです。

「自分は一人じゃない」と。

きっと、今の苦しみは、今後の人生に生きてくるに違いないと確信でき、治療に専念できたのでした。

医師、看護師、母親、友達、同僚、教え子のおかげで社会復帰することができました。

ここで中村先生は、人生における大きなことに「気付き」ます。

それは、**「当たり前」が「当たり前」ではなく、「ありがたい」**ということです。


それまで健康で何不自由なく暮らしてきました。

願いかなって、学校の先生にもなれました。

「今日の延長線上に、必ず同じ明日がある」と信じていました。

でもそれはちがった。

今日という日は、もう二度と訪れない「かけがえのない」一日だったのです。

「今日という一日を最高の一日にしたい」

「今日できることを明日に回すなんてとんでもない」

と、今日という一日に感謝して再び教壇に立ったのでした。


今でも後遺症に悩まされることがあります。

でも、

「あの事故があって良かった」

「事故のおかげだ」

と素直に思えるようになったそうです。

そして、子どもたちに対する気持ちも変わりました。

それまでは、クラスの担任を受け持つ1年間というスパンで物事を考えていました。退院後は、生徒一人ひとりの数十年後の人生に何がプラスになるかを考えて接するようになったといいます。

そして何より、**「一番大事なことは健康と安全だ」**と、ことあるごとに口にするようになりました。

まるで小説かドラマのような話を紹介しましょう。

まだリハビリ中のことです。知り合いの女性の先生から中村先生に1通のメールが届きました。

「職場の先生から聞きましたが、大丈夫ですか？」

以前、一緒に仕事をしたことのある先生でした。顔見知り程度の間柄で、最後に話をしたのは4年も前のことでした。

その後、何度かメールのやりとりをし、職場復帰してしばらくしてから久しぶりに会い、励ましてくれたことのお礼を言いました。

その時の、彼女の第一声は、

「中村先生、普通じゃないですか」

これには新鮮な驚きがあったといいます。

なぜなら、ほとんどの人たちは「大変でしたね」と同情の言葉を口にしたからです。まだリハビリを続けていて不自由な身体にもかかわらず、それを「普通」として扱ってくれたことが嬉しかったのです。

その後、何度か食事を重ねるなどして交際が始まりました。

その前に中村さんは断っておかねばならないことがありました。

「私は、外見は普通に見えるけど、まだ完璧に戻っていないし、また今後のリスクもあるんだ」

すると彼女はこう言ったそうです。

「私から見ると普通だよ。先のことはみんなわからないし、今が普通ならいいよ」

中村さんは思いました。この人と一緒にいたい。

バリアフリーの心を持っている彼女と生涯を伴にしたいと。

なんて素晴らしい女性でしょう。昔から恋人同士だったわけではないのです。事故後に付き合い始めたのです。打算とか計算という概念がない、心の真っ白な人なのでしょう。

私は思うのです。きっと彼女は、生死を彷徨《さまよ》い、「すべてのことに感謝できる」ようになった中村先生に魅かれたのだと。純真な心同士が引かれ合ったに違いないと。

そう考えると、事故の「おかげ」で二人は結ばれたのですね。おふたりは子宝にも恵まれ、幸せに暮らしておられます。

先生を泣かせます！

30年以上も続いたテレビドラマに「3年B組金八先生」があります。

金八先生役の武田鉄矢さんの演技を見ていると、当初は、

「そんな簡単に解決できないよ」

「現実ではありえないよなぁ」と思ったこともありました。

でも、その後、考えを改めました。なぜなら、実に大勢の「金八先生」が現実の世界でも存在することを知ったからです。

さて今回は、その中のお一人である伊藤正明先生を紹介させていただきます。以前、赴任しておられた愛知県東海市立富木島中学校での出来事です。

伊藤先生には、特に思い出深い一人の生徒がいました。一、二年生のときに担任をした田中あずささんです。

彼女は、5歳のときに左耳が聞こえなくなり難聴というハンディを負っています。伊藤

先生は、教室では前の方の席になるようにするなど配慮をしてきました。

しかし、本人はそんなことにはめげず大変活発で、駅伝の代表選手に選ばれ、ハンドボールではＪＯＣジュニアオリンピックに県代表として出場することもありました。

また、掃除が大好き。なんと男子トイレの便器を素手で掃除するという女の子です。


ところが、そんな頑張り屋さんでも困難なことがありました。歌うことです。

二年生時の合唱コンクールの練習でのことでした。

本人は一生懸命に歌っているつもりなのですが、左の耳が難聴であるため、音程を正しく取ることができないのです。

彼女は泣きながら伊藤先生に、「私が歌うと賞が取れない」とこぼしました。

クラスのみんなが頑張っているのに、自分のせいで負けてしまっては申し訳ない。責任感から出た言葉でした。

こんな子どもに対して、普通なら「気にしなくていいよ。精一杯やればそれでいい」と慰めるものでしょう。

ところが、伊藤先生は辛い気持ちを抑え、あえて心を鬼にして言いました。

「お前のせいでソプラノが狂ってるんだ」

みんなに迷惑をかけてしまうと思うと、ますます自信がなくなり、声が小さくなっていたのでした。一見、「なんて冷たい……」とも思えるような言葉ですが、伊藤先生は彼女の負けん気の性格を知っていて、あえて叱ったのでした。

続けて、

「田中が歌わなきゃ勝てない」

と言うと、彼女は再び大きな声で泣きながら歌い始めたそうです。

翌朝のことです。いつもより早くに出勤した伊藤先生は、校舎の外から聞こえてくる歌声に気付きました。それは、コンクール曲の練習をしている田中さんの声でした。その姿を窓から垣間見た瞬間、涙があふれてきたといいます。彼女は、一人で練習をするために、朝6時前から、門が開くのを待っていたというのです。

その日の先生との交換ノートには、こんなことが書かれてありました。

「『田中が歌わなきゃ勝てない』あの言葉が本当にうれしかったです。2年5組のためにみんなを信じて歌います。伊藤先生を泣かせます！」

そして、3位入賞。どうしても音程は最後まで合わなかったけれど、体全体を使って思いっきり歌ったそうです。

彼女のことを理解しているクラスの生徒全員の心が一つになった結果でした。

その田中あずささんの作文を紹介しましょう。

「今まで生きてきた中で一番うれしかったこと」　田中あずさ

私の学校では伝え合う力を育てるために、日直が1分間スピーチを行います。先日のテーマは、「今まで生きてきた中で一番うれしかったこと」でした。

私が一番うれしかったことを考えたとき、耳が聞こえなくなったことが思い浮かびました。

私は5歳のとき、左耳が聞こえなくなりました。今も、大学病院へ通っています。

耳が聞こえなくなり他人からは不幸だと思われるかもしれませんが、私は幸せです。

多くの優しい友達と出会うことができたからです。たくさんの気づかう言葉をかけてもらえるからです。

前は、席替えが大嫌いでした。いつも前の方の席で、みんなに申し訳ない気持ちになるからです。

でも、こんな気持ちを救ってくれたのは、優しい友達の言葉でした。

これからも席替えは特別な席になると思います。

そのときはごめんなさい。そして、声をかけてくれたみんなへ、ありがとう。


驚きました。「耳が聞こえなくなった」ことが、「一番うれしいこと」だというのです。たくさんの友達ができ、みんなから、気づかう言葉をかけてもらったからと。

きっと辛い目にも遭っているにちがいありません。それなのに……。

「私だったらどうだろうか」と、自分に問いかけました。

彼女から、どんなときにも「感謝の気持ちを忘れない心」を改めて学んだのでした。

伊藤先生の導きの賜物でしょう。また、ご両親の教育、さらには本人の持って生まれた素養も素晴らしかったにちがいありません。クラスのみんなも素晴らしい！

田中さんはその後、高校・大学と進学し、東京のＩＴ企業で働いているそうです。

20年間で、二人目です

仕事の帰りにタクシーに乗りました。家の近くまで来て、せっかくだから買い物もすませておこう、と思い立ちました。

「運転手さん、すみませんが行き先を少し変更してください。その信号を左に曲がって、医療センターの北側にあるスーパー○○までお願いします。ご存じですか？」

「はい、わかります」

「そこで買い物をしてきますので、メーターを切らずに待っていていただけますか」

「はい、かしこまりました！」

運転手さんは、愛想よく答え、ハンドルを切りました。

車が方向転換し住宅街の中を進むうち、私は「大丈夫かな……」と思いました。この辺りは一方通行が多く、一本筋をまちがえるとグルグル回ることになります。

（大丈夫かな……）と思っていたら、案の定。バス通りに出たところで右折禁止の標識が……。

運転手さんが声をあげました。

「ああ、いかん。近道だと思ったのに」

「スイスイと走られるので、よくご存じだとばかり思ってました」

運転手さんは、後ろを向いて、

「ごめんなさい。遠回りになってしまいました」

「大丈夫です。急ぎませんから」

一呼吸した後、運転手さんは、右にウインカーを出し、ハンドルを回して右に曲がろうとしました。

「あかんあかん」

私は大声で止めました。車は、ガクンッと急停止しました。

「でも……お巡りさんもいないし、大丈夫そうです。申し訳ないんで行かせてもらいます」

「いやいや、ダメです。違反はいけません」

「そうですか……」

運転手さんは、なんだかシュンとして、ウインカーを左に切り替えました。

左折、左折を繰り返し、一旦、元の通りに出直してから、スーパーに向かいました。

「出口辺りの駐車場で待っていてください」

と頼むと、

「了解しました」

と言い、駐車場に入りました。車の出入りが激しくかなり混雑しています。そろそろとタクシーは駐車場を進みました。

「ダメダメ！　ここは一通ですよ」

公道ではありませんが、地面に矢印が描かれており、駐車場内でスムーズに走れるように一方通行になっているのです。

「でも大丈夫です」

と言い、運転手さんは矢印の指示に逆らって進もうとしました。

「ホント！　ダメダメ!!　ルール違反ですから！」

大声をあげたら、またまたハンドルを切り替えてくれました。

さて、買い物を終えて、自宅の前まで着きました。財布を取り出して料金を支払おうとしたその時です。運転手さんが言いました。

「わたし、20年タクシーに乗ってますが、2回目です」

「え？」

「今まで、お二人しかいませんでした。右折しちゃダメと言われたのは」

「……そうなんですか」

運転手さんは、真顔で話を続けます。

「認識不足で遠回りになってしまったのは私の責任です。時間もお金もかかってしまいます。申し訳ないから、違反を承知で右折しようとしました。てっきり、喜んでもらえると思ったんです。お客様に迷惑をかけた分を取り戻そうとして、またスーパーの駐車場で矢印を逆走しようとしました。

20年間乗ってきて、ずっとそうしてきました。

でも、ずっと昔、一度だけ『ダメ』と言われたことがあるんです。

降りるときにわかったのですが、私服を着たお巡りさんだったのです。

それ以来、初めてです」

私は、ちょっとカッコつけて言いました。

「お巡りさんも、誰も見てないと思っても、**心の中で自分が見てますからね**」

運転手さんは答えました。

「そうですね、はい！　自分が見てます」


そう言いつつ、実は私は顔が赤くなりました。なぜなら……右折禁止の道に出てしまったとわかった瞬間、心の中で、

（なんだよ～コイツ。いやにスイスイ走るから、この辺の道に詳しいと思ってたら）

と、ムカッとしていたからです。

「あかんあかん」

と、違反して右折しようとしたのを止めた時も、本当は心の中で、

（時間がかかって遠回りして余分に金を払うのはオレだぞ！　お巡りさんに見つかっても、罰金をくらうのはオレじゃないしな）

と、心の中でチラッと思っていたのでした。なんとも恥ずかしい。

でも、日頃、二つのことを心がけています。

一つは、車がほとんど通らない交差点であっても、けっして「赤信号で渡らないこと」。

もう一つは、「道端に空き缶が落ちていたら拾うこと」です。

両方とも、当たり前のことのようでいて、結構難しい。一回、自分に甘えると、そこからなし崩しになってしまいます。


この時だってそうです。自分に負けないようにするのが精一杯でした。いや、もう腹が立って、ギリギリ。

自宅に着いた時、あやうく「料金負けて」と口にしそうになりました。そんな心境の中での運転手さんの一言でした。

「わたし、20年タクシーに乗ってますが、2回目です」


これからの人生の励みになる「力」をいただいた気がしました。

運転手さん、ありがとう！

万引きをした高校生の顛末記《てんまつき》

愛知県内でコンビニを経営する栗原尚美さん（82歳）から、「二十五年前の事ですが、私の感激した経験です。校長先生との手紙のやりとりを同封させていただきます」というお便りをいただきました。

胸の熱くなるお話です。ここに全文を紹介させていただきます。

《栗原尚美さんから□△高等学校Ａ校長先生への手紙》

前略

私はコンビニを営んでおります。その店と御校生徒さんのことにつき、ご報告申しあげたく筆をとった次第です。

三年前のことです。店のパートさんから悪質な高校生の万引きがあると報告を受けました。

当初は、どこの生徒かわからず、防犯ビデオを見ると二人連れの生徒が毎日のように万引きを重ねている様子が映し出されていました。

残念なことに、こんな豊かな時代なのに万引きはひんぱんに発生し、この十年間で私の補導した子どもは数十人に上ります。

しかしそれも氷山の一角です。ほとんどの子どもは罪の意識もなく、中学生にもなればゲーム感覚でやっているようです。

しかし補導するのは中学生までで、高校生にもなればそのやり方も巧妙で、簡単に捕まるようなヘマはしません。

その二人の高校生もレジ係のパートさんの眼を巧みに盗んで、鮮やかな手口で商品を持ち去り、あとでビデオを見ては『今日もまたヤラレタ』と残念がる毎日でした。

そんなある日、私はその生徒たちの来店する時間を見はからって客のフリをして店に待機していました。私は自宅でもコンビニ店を営んでおり、B店は午後からパートさんとアルバイト君たちに任せていたため、二人の生徒とは面識がないのです。

そんな私に気付かず、二人は今日もやって来ました。

パートさんの合図でその二人が目的の人物と確認すると、まず彼らの乗ってきた自転車を確認しました。

すると、驚いたことに□△高校のステッカーが貼ってありました。すぐにナンバーを控えました。

次いで彼らの動きを見守りました。仲の良い二人連れの高校生……そんなふうにしか見えない二人が、どうしてこんなことを繰り返すのか……。

何としても今日で止めさせたい。そのためには現場を押さえねば……。

そんな願いも空しく、その日も彼らの帰った後でビデオを見て『今日もヤラレタ』でした。

その日のショックは、また別のものでした。□△高校の生徒だったということです。県内でも有数の進学校。優秀な生徒しか入れない名門校。中学生にとっては夢や目標であり、その親にとっては憧れでもある高校。

その生徒が私の店始まって以来の最も悪質な万引き常習犯とは……。思いあまった私は、翌日、御校の補導担当の先生に電話をして事情をお話ししました。

するとただちにお二人の先生が来店され、ビデオをご覧になり、生徒の氏名が確認されました。二人とも一年生でした。

その翌日、二人はお父さんに連れられて店に謝りにこられました。こんな場面には慣れている私ですが、初犯でもない彼らにはかなり厳しく叱ったつもりです。受けた被害総額も今までで最高でした（彼らの自己申告では２万円）。親御さんから弁償の申し出がありました。

そのとき、私は申しました。

『今、そのお金をお父さんから弁償してもらったら、この件はこれで終わりになってしまう。それでは君たちのためにならない。

私はお金が惜しくて学校に通報したのではない。君たちの将来が惜しいのだ。

悪の道へ進み、人生を棒に振る若者の第一歩は喫煙と万引きと言われている。君たちは罪の意識もなく、こんなことを繰り返したのだろうが、転落の一歩を踏み始めていることに気付いてほしい。

君たちの将来は、何億円でも買えぬ。少しばかりの金で貴重な青春、将来をムダにするな。

私への弁償は、君たちが就職するか大学生になりアルバイトをするか、とにかく自分で汗して得た報酬から払ってもらおう。

その時、きっと労働の意味、お金の値打ちがわかるだろう。君たちを信じてそのときを待とう』

そして、翌日、補導の先生が出張中ということで教頭先生に二人との約束をお話しして、彼らに挽回《ばんかい》のチャンスを与えていただくよう処置をお願いいたしました。

それから年月も経ち、ときおりそのことは思い出す程度で、忘れかけていました。

先日の日曜日（6／27）のことです。パートさんの休日で私が店番をしておりました。

『Mと申しますが、店長さんいらっしゃいますか？』

ハキハキした若者からの電話です。私はよくあるアルバイトの申し込みかと思いました。

『ハイ私ですが』

『僕、三年前、□△高校に在学中、ご迷惑をかけた者ですが、覚えておられますか？』

とっさには思い出せない、時の流れがありました。

しかし、□△高校の生徒だったの言葉に記憶が蘇《よみがえ》りました。

『僕、大学生になりました。アルバイトとしてはじめての給料をもらいました。あのときのお金を支払わせて下さい』

彼がやってくるまで、私はあの時を思い出して、やたら興奮していました。

誠意が通じた！

とやかく言われる今の若者が、何の束縛もない古い約束、それもこちらの一方的な約束を果たしにくる！

まるで十年ぶりに息子に逢う親のようにソワソワしました。

しばらくして、客の合間にさわやかな若者の顔。見るからに好青年の顔がそこにありました。

聞けば、今春、地元の大学に進学したとのこと。

そして、あの時の友達も自動車整備の学校へ入学したとのこと。

『ありがとう。よく約束を守ってくれた。そして入学おめでとう』

白い封筒に納められたお金を私は受け取りました。

あの時の生徒がこんな好青年になって、過ぎし日の自分の過ちを清算にきた。

あの事件で学校から処分もあったろう。級友たちから白眼視されたこともあったろう。親から随分と叱られたろう。それを乗り越えてよく頑張ってくれた……。

感動と興奮で私は涙をこらえるのに精いっぱいで、あまり彼と話をすることができませんでした。

『本当にありがとう。こんなにうれしいことはない。これからも頑張って』

『ハイ、失礼します』

明るい笑顔を残して彼は去って行きました。

校長先生にお願いがございます。

M君は立派に約束を果たしてくれました。もし、学籍簿等に、あの日の記載があり、それが保管されていましたら、この素晴らしい結果を追加記入いただき、彼の名誉を回復してやってください。

そして、当時の教頭先生、補導担任の先生がご在任でしたら、よろしくお伝えください。もう一人のH君も、きっと真面目に頑張ってくれているものと信じています。

嬉しさのあまり、とりとめなく書き連ねましたが、御校生徒と私の店の忌まわしい過去は、本当にうれしい結果に終わりましたと、ご報告申しあげる次第でございます。
一九九二年七月一日　コンビニB店　栗原尚美　□△高等学校　校長先生

栗原さんからの手紙を受け、□△高等学校にその年の4月に着任されたばかりのA校長からご返事が届きました。

まずは、3年前の不祥事に対して、許されざる行為であり誠に恥ずかしく申し訳ないと綴られていました。

そして、

「栗原様の適切なご指導があってのことであり、教員のみの指導では解決しえない問題であったと、深く感謝する次第であります」

と書かれていました。

さらに、

「ご心配になっておられます違反内容の記録に関する件でございますが、当時も今も校則や反社会的な違反者への教育的な配慮のもとに、再発防止を強化しています。書類に残す方法はとっていません。ご安心いただきたいと思います」

とも。栗原さんは、この一文を読んでホッとされたそうです。

これを「博愛」というのでしょうか。

栗原さんは経営者です。

万引きのせいで、ある書店では経営が傾いたという話すら耳にしたことがあります。

万引きする人を憎んで当たり前。

にもかかわらず、罪を犯した若者の将来まで憂えて更生させる。

まるでマザー・テレサのような人です。

※（注）学校名・店名などは、あえて伏せて記載させていただきました。

第四章

心に〝ぽっ〟と勇気が灯る、いい話

目の不自由な友達が教えてくれた

目の不自由な友人がいます。森茂伸さんです。森さんとの出逢いは、かれこれ15年以上前になるでしょうか。

当時、私は、悩んでいました。上司とのトラブル（今でいうパワハラ）から、ストレスで身体がボロボロになり、ついには倒れてしまって3か月間ほど入院生活を送ったからです。

会社には復帰したものの、心と身体の不調が続き、通院を続けていました。

病気になる前は、あまり他人の行動など気に留めませんでした。
ところが、退院してから、どうしたことかお年寄りに席を譲ることが多くなりました。
それだけではなく、町で白杖《はくじょう》を手にした目の不自由な人を見かけると、遠くからでもかけよって行き、「お手伝いしましょうか」と声をかけるようになったのです。

そんなときです。森さんと出会ったのは。

出勤のために最寄りの地下鉄の駅まで急ぎ足で歩いて行くと、白杖を手にした男性が階段を下りようとしていました。

「大丈夫ですか。お手伝いしましょうか」

と声をかけると、すぐさま、

「お願いします」

という返事。それが、森さんでした。

さらに、

「○○番の乗車口まででいいですか」

と言われ、ホームまでご一緒しました。たまたま同じ方角へ行く電車だったことがわかり、乗換駅までの間、会話が弾みました。

そのなかで、森さんは、

「昨日、温泉に行ってきたんです」

と言うので、

「へえ～」

と何気なく答えました。目が不自由だから、外出するのは大変だろうなあ、と思いつつ。

すると、

「昨日のお湯は、すべすべして気持ちがよかった」

と言い、さらに、

「どこどこの湯が一番」

など、あちこちの温泉の話をしだすのです。

ハンディがあるのに、ずいぶんアクティブな人だなぁ、と感心しました。

その後も、会うたびに、どこかへ出かけた話ばかりされます。前向きで明るい性格だから、ハンディを克服できたに違いないと思っていました。ところが……。

かなり時が経ってのことです。森さんに、

「私は元々、内向的なんですよ」

と言われ驚きました。森さんとは長い付き合いですが、イメージと真逆です。

森さんは戸惑う私に、続けてこんな話をしてくれました。

森さんは、34歳のとき、仕事中に視野が一部、欠けていることに気づきました。眼科に行くと、網膜剥離で手術が必要だと言われました。

何度か手術を受け、いったん視力は回復します。

ところが、その手術のせいで、今度は緑内障にかかります。そして36歳のとき、ついに完全に失明してしまいました。

無職になり、どうしたらいいかわからない。妻も養わなければならない。

パニックに陥りました。

茫《ぼう》然自失で、半ば引きこもりになりました。そんななか、ふと、ある人のことが思い出されました。手術の際に、となりの四人部屋に入院していた女性です。

その女性に、

「私たちの部屋へ遊びに来られませんか」

と言われ、足を運びました。話が弾むなか、こう言われたのです。

「もし、あなたも目が見えなくなったら、点字を習いなさいよ。白杖を使っての歩行訓練も受けるといいわ」

でも、森さんは、

「自分は手術をすれば見えるようになる」

と思っていたので、その時には聞き流していたのです。

すぐに、その女性に連絡を取り、点字の講習会があることを教えてもらいました。

さらに、歩行訓練も受けました。

そうです。森さんは、暗闇から一歩を踏み出したのでした。

点字が読め、白杖を使って一人で歩けるようになると、図書館の点字コーナーへ本を読みに出かけるようになりました。

ある日、そこで、点字ボランティアの人から声をかけられます。

「もし、何か読みたい本があったら、私が点訳するから教えて下さい」と。

森さんは、言葉に甘えて、

「パソコン関係の本が読みたいです」

と頼みました。その人は、すぐにパソコンの専門誌を点訳し渡してくれました。

その本の中に、データ入力の会社のことが書かれていました。なぜか興味が湧き、連絡を取って会社見学に出かけます。

すると、それがきっかけで森さんが入社することになり、「テープ起こし」という仕事が始まることになったのです。それは、会議などの録音テープをパソコンで文字にする仕事でした。

「出逢い」が、就職に結びついたのです。

森さんは言います。

「落ち込んでいた私ですが、『出逢い』が人生を変えました。

点字の勉強を勧めてくれた人。図書館の点字ボランティアの人。

その『出逢い』の際に、相手から言われた言葉に、素直に従って動いたこと。

すべての原点は『出逢い』を大切にすることにあります」

自分を変える、たった一つのこと

森茂伸さんと話をしていると、驚かされることがしばしばあります。
ある時、
「昨日は、写真展に行ってきました」
と言われ、どう答えていいのか困りました。
(どうやって写真を見るんだよ……)
私の心の内を察して、森さんは説明してくれました。

「私の友達に、写真家さんがいるんです。彼に誘われて個展を見に行ったんです。写真を撮った本人が、一点ずつ説明をしながら会場を案内してくれました。この山の写真は、撮っているうちに雲が湧き出てきて……ひんやりとした空気のなかで、などとシャッターを押したその瞬間の感情までも語ってくれるのです。
目には見えなくても、その説明を聞くことで頭の中に情景がパアッと広がるのです。心の中で、風景が見えるのです」

私は、返す言葉がありませんでした。だって、物は「目で見るもの」と信じていたからです。

別の日には、「映画を観に行ってきました」と言われ、またまたあ然とします。目が不自由な人たちが、映画を楽しむために、「シーン・ボイスガイド」というものがあるのです。映画のシーンに沿って、音声で解説してくれるものです。

目が見えていたときの森さんは、内向的な性格だったといいます。自宅と会社の往復で、それこそ友達はほとんどいませんでした。

しかし、「出逢い」の大切さに気づいてから、心の持ち方を変えるように努力しました。

なにしろ、目が見えないのですから、こちらから他人に声をかけるのは至極難しい。

だから、人から声をかけてもらった時こそが千載一遇のチャンス！

通勤のバスや地下鉄のなかで、

「お手伝いしましょうか?」

と声をかけられる。

「待ってました！」

とばかりに、こちらからも話をする。顔なじみになると、遊びに誘われる。旅行にカラオケ、映画に温泉、美術展……。休日は、大勢の人たちとのお付き合いで大忙しになりました。

気づくと、周りの人からこう言われていました。

「森さんは、明るくて活動的な人ですね」

あるとき、知り合いから頼まれました。

途中から全盲になってしまい、家に引きこもっている人がいる。その人を励まして、外へ連れ出して欲しいというのです。

森さんは、少しでも自分と同じ境遇の人の役に立ちたいと思いました。

でも……残念ながら、かないませんでした。なぜなら……、

「それは、あなただからできたのよ」

と言われてしまったからです。森さんは、否定します。

「自分は特別な人間ではありません。
自分も目が見えなくなったとき、人生に絶望しました。
でも、『出逢い』の大切さに気づき、一歩を踏み出した。
その一歩の違いにすぎないのです」

その言葉に、ズシリと重みを感じました。
それは、目が見えないということに留まりません。
病気、リストラ、落第など人生のすべての苦難に共通することではないか。
落ち込んでいるなか、周りの誰かが声をかけてくれることがある。
その「出逢い」に気づくか否か。たった、それだけのことで人生が好転するのです。

以前連載していた中日新聞朝刊のコラム「ほろほろ通信」で、森さんのことを書かせていただいたことがあります。ここに転載させていただきます。

名古屋市西区の森茂伸さん（63歳）は、会社員だった35歳のとき、網膜剥離から失明してしまった。

その後、点字を習得し、テープリライターになった。講演会や会議の録音テープを、音声ソフトを活用しながらパソコン入力して、文字として記録する「テープ起こし」の仕事だ。

毎朝、自宅近くから市バスに乗り、黒川駅で地下鉄に乗り換えて桜山の職場まで通勤する。専門の先生から白杖の使い方を習い、積極的に一人で外出して訓練を積んでいたので、初出勤の日から公共交通機関を利用するのも怖くなかったという。

しかし、そんな前向きな森さんを悩ませたことがあった。歩道の点字ブロックの上に放置された自転車だ。

ぶつかって擦り傷を負ったこともある。また、走り過ぎる自転車の車輪に白杖が刺さって折れたこともあった。

もちろん、人から受けた親切はトラブルの何倍も多い。目の前を横切った人に白杖を踏まれ、折れてしまった時のこと。通りがかりの人が、折れた白杖に粘着テープで応急処置をしてくれ、無事に出勤できた。

しばしば電車や市バスの中では「何かお手伝いしましょうか」と声をかけてもらえ

る。それがきっかけで一緒にカラオケに行く友達もできた。その数、30人以上。

「健常な会社員のままだったら自宅と会社を往復するだけの人生でした。目が不自由なおかげで友達が大勢でき、一緒にさまざまな所へ出かけました。

この6月で、25年間勤めた仕事を無事退職します」と話す森さんから、お世話になった方たちへの一句。

温かい、手引きを今日も　ありがとう

2016年（平成28年）6月19日

森さんは言います。

「点字を習うようにと教えてくれた人が、最初に連れて行ってくれたのはクリスマスパーティでした。

参加者のほとんどは全盲です。一緒にゲームをして遊びました。

私は、目が見えなくても、こんなに楽しいことがあるのかと気づきました。

目が見えなくなったことは悲しい事実です。

でも今は、そうは思いません。

失ったものより、得たものが多いことに気付いたのです。

それは何か、心が豊かになったのです」

さらに、

「今、もしも、何かの理由で辛い目にあっている方がいたら、私の真似をしてみてください。**人から声をかけられたら、話を素直に聞いて受け入れてください。**

なかなか最初は難しいと思います。

悲しみの中では『聞きたくない』と拒絶してしまいがちです。

でも、相手の話を受け入れる。

そこから自分が変わります。出逢いが『きっかけ』になるのです」とも。

ちょっと辛いことがあると、くよくよする自分が情けなくなりました。

森さんに会うたび、元気をもらえます。

“人生で一番大切なこと”を知ってしまった

友人の紹介で川原尚行さんにお目にかかりました。

その破天荒ともいえる人生を紹介しましょう。


川原さんは九州大学・医学部を卒業し、大学病院でお医者さんをしていました。

ある日のこと、校内掲示板の一枚の貼り紙に目が留まります。タンザニアの日本大使館の医務官を、外務省が募集しているという内容でした。

彼は、「一度、外国へ行ってみたい」という単純な動機から応募します。


そのとき、32歳。奥さんと5歳、3歳の子どもを連れて出かけました。最初は一年間という契約でしたが、現地の医療に没頭し外務省に籍を移します。

その後一年間、ロンドンで熱帯病について学び、２００２年スーダンに赴任しました。

川原さんはそこで、大きな壁にはばまれます。

地元の病院の先生や、ＷＨＯの職員とスーダンの各地を視察してまわり、遅れた医療の現実に、あ然としました。

マラリアや腸チフスに罹っても病院に行くことができない人たち。ハエが媒介して寄生虫が内臓に広がり、腹部がスイカのように腫れ上がった子どもがいて（リーシュマニア症）、診察室の前に患者さんの長い列ができていました。

「なんとかしたい」と思いました。ところが……。

川原さんもスーダンの人たちの診療をしようとしたら、大使館からストップの声がかかったのです。

「あなたは医者である前に国家公務員です。国が政策として援助しないと決めている国で、あなたがもし勝手なことをしたとすると、スーダン政府は『日本はスーダンに対して援助を再開したのだ』と誤解されてしまう」というのです。

外務省医務官とは、そもそも大使館員やその家族と、その国に滞在する日本人を診察するのが仕事です。でも、タンザニアでは、時と場合によっては現地の人たちも診てきました。

一方、当時のスーダンはテロ支援国家と指定され、日本は以前行っていたＯＤＡ（政府開発援助）を停止していました。

川原さんは、外務省の立場を考えると、「もっともなことだ」とは思いました。

しかし、心の奥底では腑《ふ》に落ちないものがありました。

視察から戻り、大使館で日本人の患者さんを診察する日常が始まりました。

仕事を終えて、いつものように家に帰ると、生まれたばかりの末娘も含めた三人の子どもが笑顔で迎えてくれます。

食事をしながら、奥さんと会話し、いつものように柔らかなベッドで眠りにつきます。

そしてまた、大使館へ。

でも、まぶたの裏に現地の患者さんの情景が焼きついて離れませんでした。

胸が締め付けられて苦しい。自分に問いかけました。

「おい、己はこの現実をただ見すごすだけか……。そんなんでいいんか、おまえ！」

本来、やるべきことがあるんじゃないか？

それに目をつむって、また別の国に赴任していくのか？

でも、家族がいる。子どもも三人。医務官を辞めたら家族が路頭に迷ってしまう。

そのとき、奥さんは背中を押してくれました。

「潮時だから、子どもたちは日本に連れて帰るね。私が働いて生活費を稼ぐから」

申し訳ない気持ちでいっぱい。でも、なによりも嬉しかった。

その一言で川原さんは解き放たれ、外務省を辞めてしまったのです。

大使館時代には年収はそれなりにありました。それが、一気に無収入になりました。でも、現地の子どもたちを診てあげることができるようになったのです。

川原さんの口からこの話を聞いたとき、思わず「おバカだなぁ」と思いました（失礼）。安定した高収入と肩書きを捨てたのです。

でも、次の瞬間、仏典「雑阿含経《ぞうあごんきょう》」に出てくるというこんなお話を思い出しました。

ある男には四人の妻がいました。男は、あるとき、遠くへ旅することになりました。

そこで四人の妻に同行してくれるようにと頼んだといいます。

ところが、第一夫人は、即断でその依頼をはねつけました。男は、たいへん第一夫人を愛していたので悲しくなりました。常に寝食を共にしていたのに。

そこで男は、第二夫人に同行を求めました。しかし、彼女にも断られてしまいました。ショックでした。あんなに愛していたのに。

次に第三夫人に頼みます。彼女に対しては、ときどき思い出しては愛する程度だったのに、こう答えてくれました。

「村はずれまで送ります」

仕方がないので、第四夫人に頼みました。今まで、彼女は男に懸命に遣えてきましたが、男の方が見向きもしませんでした。

にもかかわらず、その第四夫人は、「喜んでおともします」と言ってくれたのです。

男は、ただの旅に出ようとしているのではありませんでした。死出の旅でした。

そうです。その四人の妻とは、生きている女性のことではありません。

第一夫人とは、彼自身の身体（肉体）のことを指していました。

第二夫人とは、お金・財産のこと。

第三夫人とは、肉親、兄弟、親類、友達のこと。

彼らは、野辺送りまではしてくれます。お葬式はしてくれるけど、そこまでです。

でも、第四夫人は、最後まで一緒に付いてきてくれたのです。

さて、第四夫人とは何か。

そう、私たちの心のことです。


川原さんの話に戻ります。彼は、人生で何が一番大切なことなのか、わかっている男なんですね。第四夫人、つまり「心」が大切であるということを。

だから、第二夫人（お金）を手放すことができた。

口では言えるでしょう。

誰もがわかっているつもりでも、誰もができることではありません。


川原さんは、いったん、故郷の北九州市に戻ります。

高校のラグビー部の後輩が励ましてくれました。奥さんは、家計を支えるため仕事に就いてくれました。

後輩の人がスーダンへ一緒にきて働いてくれ、もう一人の後輩が日本で事務局長をしてくれました。こうして、ＮＰＯ法人「ロシナンテス」が、スタートしました。

「ロシナンテス」のロシナンテは、ドン・キホーテの乗るやせ馬のことです。その複数形でロシナンテス。一人では無力かもしれないけれど、大勢の力が集まれば何かができるかもしれないという考えから付けられた名前だそうです。

川原さんは、東日本大震災が起きたとき、たまたま東京にいました。すぐさま被災地へ駆けつけ、宮城県名取市の閖上《ゆりあげ》と、岩沼市で医療支援を始めました。診療行為のみならず、ラジオ体操、子どもたちと共に企画するコンサート、花見、神社の再建などにも関わりました。

大勢のボランティア、地元の人たちと一緒になって復興する。東北での活動も、まさしくロシナンテスと名付けた言葉の意味を具現したものでした。

川原さんは多くの仲間とともに、今日もスーダンで活動を続けています。

（ロシナンテス支援について）https://www.rocinantes.org/about/

（参考図書）『ひろさちや　仏教とっておきの話』新潮文庫

耳が聴こえない映画監督

今村彩子さんは、生まれつき耳が聞こえませんでした。

そのため言葉が不自由でしたが、幼い頃から発声練習を行ってきたため、話すことができるまでになりました。しかし、補聴器をはずすと何も聞こえません。

両親の教育方針で、一般の小学校に入学しました。

一対一で話をする際は、相手の唇の動きを読んで理解します。これも訓練の賜物です。でも、早口や、口が小さい人の言葉は読み取れないそうです。

何より困るのは、クラスのみんなと大勢で喋るときです。みんなが笑っていても、何のことかわからない。

それでも「わかったフリ」をして笑います。心の中では淋しさがいっぱい。

本当は、「もう一回言って」と言いたいのですが、その場の雰囲気を壊したり、「しつこいな～」と嫌われたりするのが怖くて言い出せなかったといいます。

中学校では教科ごとに先生が代わります。そのため、それぞれの先生の、口の動きを読み取ることに慣れなければなりません。

集中力が必要になりますが、15分が限界。特に目が疲れるそうです。

それでも負けず嫌いな彼女は、勉強にスポーツにと頑張っていました。


あるとき、クラスメートからイジメにあいました。辛くて休んでしまいました。

一日休むと、次の日も学校へ行きたくなくなります。

心配したお母さんは、車に乗せて無理やりにでも連れて行こうとしました。

「聞こえない私の気持ちなんて誰もわかるはずがない」

と、家族に対しても心を閉ざします。

そして、とうとう家に引きこもってしまいました。

「死にたい」とまで考えたといいます。


そんなある日のことでした。お母さんが彩子さんに一冊の本を手渡しました。高村真理子著『アメリカ手話留学記』でした。

耳の聞こえない筆者が、カリフォルニア州立大学ノースリッジ校へ留学した体験記です。この大学では「ろう」の学生が250名も在籍し、その数はアメリカで2番目に多いことで知られていました。

講義はすべて手話通訳がつき、聞こえる学生と一緒に学べると書かれていました。彼女は読み終えた後も、なかなか興奮からさめなかったそうです。

そして、思ったのです。

「ああ、アメリカに行きたい！」と。

それは「夢」の始まりでした。

またまた、ある日のことです。お父さんがビデオを借りてきてくれました。「E.T.」です。字幕が入っているので、家族と一緒に見ることができました。

それまでは、家族と一緒にテレビを見ていても、彼女だけ聞こえないので楽しくなかった。いや、悲しくなるだけでした。

お父さんは、次々とビデオを借りてきてくれました。

「ダイハード」「ターミネーター」「ロッキー」……。お父さんの好きなアクション映画ばかりでしたが、映画の世界に入り込んでいきました。

そして、いつの間にか「エンディングロールに自分の名前が流れたらいいなあ」と考えるようになったのでした。

「私も自分で映画を撮って、大勢の人に元気や勇気を与えたい」

「夢」が明確化した瞬間でした。

目標ができた彼女は、英語の猛勉強を始めます。

しかし、ろう者が英語を学ぶのは極めてたいへんなのです。

ろう者の第一言語は「手話」です。日本語は「第二言語」、英語は「第三言語」になります。ただでさえスムーズに使いこなせない日本語で英語を学ぶと頭が混乱すると言います。

そんなとき、高校2、3年生の時の英語の先生が教室に「TIME」や英字新聞を持ってきてくれました。そして、

「自分の興味のある記事を読んでみてください」

と言いました。

彼女は、好きな映画関連のところを、辞書を引きながらむさぼるように読みました。好きなことは頭に入ります。

さらに、英語でノートに日記を書き始めました。それを英語の先生に渡すと、毎日、英文でコメントしてくれました。

「文法のミスを気にするより、内容が伝わっていればいいよ」

「彩子さん頑張って！」

「いいよーその調子」

と励ましてくれました。

ついに彼女は、英検2級に合格。愛知教育大学に進学します。

そしてさらに、映画製作を学ぶためカリフォルニア州立大学ノースリッジ校に留学を果たします。

帰国後、彼女は愛知教育大学に復学しテレビ局に就職活動をしますが全敗。

「だったら、自分で作っちゃえ！」

と、ドキュメンタリー映画会社「Studio AYA」を設立し、数々の映画を撮ってきました。

「ろう者」のサーフィン店店長を主人公にした「珈琲とエンピツ」は全国公開されました。

また、この店長を起用して制作したＣＭは、日本民放連盟賞優秀賞、ギャラクシー賞を受けています。


今村さんは、「夢をかなえる」ためには、いくつかの方法があると言います。

そのなかの一つ。

「紙に書いて、周りの人たちに宣言する」こと。

作品を撮るとき、「〇月に完成させる！」と紙に書いて貼り出すそうです。

また、ブログでも公開してしまう。


二つ目は、**「感謝する」**こと。

彼女が映画監督になれたのは、まさしく大勢の人たちの「おかげ」でした。

「映画を通して誰もが住みやすい社会にすることが、応援してくれている人たちへの恩返しであり、未来につながることだと思います」と熱く語ります。

その『壁』を壊すのは誰？

その昔、友人の結婚式の披露宴で聞いた新郎のスピーチが忘れられません。

「もし、私が風邪をひいたりして体調が悪いとき、『お前は大丈夫か？』と妻のことを気づかえる夫婦になりたいです」と言うのです。

一番の親友で、そいつのことは何でも知っていると思っていました。

でも、そこまで思いやりの深い奴だったとは驚きました。

普通は、自分が辛い目にあっているとき、人のことなど考える余裕はありません。

自分も結婚したとき、彼のようになりたいと努めてきました。（もちろん、できやしませんが……）

さて、今村彩子さんの話です。自身の耳が聞こえないと、自分のことだけで精一杯になってしまいます。それが普通です。

しかし、彼女は、同じ障がいを持つ人たちが、この社会で暮らしやすくするためにと、

「コミュニケーション」をテーマにドキュメンタリー映画を撮り続けています。

「頭が下がる」という他に言葉が見つかりません。


そして、２０１１年3月11日、東日本大震災が起きました。

最初に頭に浮かんだのは、

「東北にも耳の聞こえない人たちがいる。無事だろうか。彼らにも支援の手は届いているだろうか」ということでした。

しかし、その情報はマスコミからまったく入ってきませんでした。

その11日後、彼女はカメラを抱えて宮城県に入りました。自分にできることは、災害時の「ろう者」の現状を社会に伝えることだと思ったのです。

人づてで何人もの「ろう者」を訪ねました。

そこには、想像を絶する現実が待ち受けていました。


宮城県岩沼市に住む信子さん（72歳）は、地震がきたとき、近くにあるものにしがみ付いて揺れが収まるのを待ちました。貴重品を探していたとき、近所の人がやってきました。耳が聞こえないことを知ってくれていたからです。

「津波がくるから避難しなさい」と。

もちろん身振り手振りでです。慌ててご主人と一緒に車で逃げました。

もしそのとき、近所の人が教えてくれなかったら……。夫婦とも流されていたことはまちがいありません。

津波が引いた後、戻ってみると自宅は流されて跡形もなくなっていたそうです。

信子さんは、家があった辺りを見つめながら涙を流しました。今村さんは、それをそばで見ながら、「ごめんね、ごめんね」と謝りながらカメラを回したそうです。


そうなのです。信子さんは助かりましたが、防災無線放送や津波警報が聞こえないがために、命を落としてしまった「ろう者」が他にいたのでした。

津波が去った後も、ろう者には苦難が続きました。避難所で生活をしていると、ときどき食料や毛布の支給の連絡があります。

それは　拡声器を使って知らされます。でも、聞こえない。

「ろう者」は、いつも周りの人たちを見て、一緒に行動するように心がけます。

しかし、ちょっと疲れて眠ってしまうと、そのとたん「情報」から遮断されてしまい、食事や救援物資が手に入らなくなってしまうのです。

常時、周りばかり意識しているので、ただでさえストレスの多い避難生活のなかで、体調を崩す人も出ていました。

今村さんは言います。

「スマートフォンができたとき、その便利さに驚きました。

その一方で、もどかしい気持ちになりました。

これほど科学技術が発達した日本なのに、聞こえない人たちは、今もなお津波警報や防災無線などの情報を得ることができないのです。

そういう社会を作ったのは、私たち人間なのです」

しかし、さらにこうも訴えます。

「**命に関わる情報に格差があってはならない。そういう社会の『壁』を壊すことができるのは誰か。それも、人間です。**私は映画を通して、この問題を一人でも多くの人たちに伝えていこうと思います」

今村さんは、東日本大震災のろう者《しゃ》の被災者を追った様子を、「架け橋　きこえなかった

「3・11」というドキュメンタリー映画として発表しました。
２０１４年ドイツ・フランクフルト日本映画専門映画祭でニッポンビジョン部門観客賞第３位に、そしてイタリア・ローマCINEDEAF映画祭招待作品になるなど海外でも評価を受けています。

さらに今村さんが取り組んだテーマは、健常者と耳が不自由な人とのコミュニケーションでした。今村さん自身がもっとも苦手とするもので、それまで無意識に遠ざけていたからです。

陰ひなたで支えていてくれた母親が亡くなったのをきっかけに、今村さんは自転車で日本縦断の旅に出ました。その様子をカメラが追い、旅の先々で出逢った人たちとの交流を映しました。つまり、主演も監督も務めるドキュメンタリー映画です。

公開後、多くの人たちに感動を呼び、２０１７年日本映画祭「ニッポンコネクション」（ドイツ）で観客賞を受賞しました。

「今村彩子さんからのメッセージ」
二十歳からカメラを回し、30本ほどの映像作品を制作しました。挫折しそうなときもありましたが、家族や友人に支えられ、何とか乗り越えてきました。

一番辛かった出来事は２０１４年の夏と秋に母と祖父を失ったことです。

人生でこのような経験は初めてでどのように受け止めればいいのか分からず、映画を作る意欲も生きる目的も見失いました。

そんなある日、ふとクロスバイクに乗ると風を感じました。

自転車は漕《こ》げば、前に進みます。心のベクトルが外を向いた瞬間でした。

死ぬ気になるくらいなら、自転車で沖縄から北海道まで縦断しようと大決意。

次のステージに進むため、苦手なコミュニケーションと向き合おうと、旅でカメラを回すことにしました。

無謀な夢にも関わらず、大勢の方が力を貸し、励ましてくださったおかげで、２０１５年の夏に北海道・宗谷岬にたどり着くことができました。

こうして、私の自転車旅をまとめた映画「Start Line」が誕生しました。

だから、今、辛いことがあってくじけそうな方に私は必死で伝えたいです。

「あなたは生きようとする力を秘めています。どんなに死にたいと思っていても。もう一度、前を見て生きようとしたとき、あなたはスタートラインに立っています」と。


「Start Line」112分／ドキュメンタリー／2016

大学ノートが宝物

名古屋に本社を置く、フジタクシーグループの執行役員さんからうかがった、タクシードライバーAさんのお話です。

Aさんは、60歳の定年まで後一年というときに30年間勤めていた会社が倒産してしまいました。老後の生活にと当てにしていた退職金も水の泡です。顧客のツテをたどって仕事探しに奔走しました。

転職雑誌のページもめくりましたが、どの募集先も年齢で引っかかります。困り果てたあげく、意を決して門を叩いたのがフジタクシーグループでした。

会社負担で二種免許を取得。無事、新人研修を終えて人生の再出発です。還暦を迎えていたものの、Aさんには一つのモットーがありました。

「何事も努力すれば何とかなる！」

稼働初日から、とにかくがむしゃらに働きました。

ビギナーズラックにも救われ、滑り出しは好調。売り上げもそこそこでした。

しかし、Aさんは「何かがちがう」と思ったのでした。

「売り上げがすべてなのだろうか？」

自問自答しながら仕事を続けました。


そして、ある日のこと、一人のお客様に、こんなことを言われました。

「あなた、プロでしょ」

指示された目的地がわからなかったのです。

その瞬間、改めて自覚しました。

「そうだ、私はプロのドライバーなんだ」と。


じゃあ、プロのドライバーとは何なのか。Aさんは、考えに考えました。

もちろん、お客様をもてなす接客は一番。以前、30年間勤めていた会社で接客の仕事に就いており、これについてはかなりの自信がありました。

では、次に必要なことは……？

自分は、ドライバーになってまだ日が浅い。お客様に、「○○まで」と言われても、すぐに答えられないことも多い。

Aさんは、ハッとしました。

「そうだ！　地理のプロになろう！」


その日からAさんの戦いが始まりました。

お客様が乗車され、「どこどこまで」とおっしゃった後、こう聞き返します。

「どの道から参りましょうか？」

ご案内先までの道順については、お客様の方がよく知っておられます。いわば、地理のプロ。地図やナビには載っていないような裏道までも教えていただける。

「え～と……2本先の信号を左に曲がって、すぐ3本目のせま～い道を右に……」

「申し訳ございません。教えてくださり、ありがとうございました」

とお詫びとお礼を言い、お客様を指定の場所で降ろします。


Aさんの仕事は、ここから始まりました。

すぐに出発はしません。車を路肩に停めたまま、そこまで走ってきた経路を、分厚い大学ノートに書き込むのです。こんな具合に……。

「〇〇通りの信号を左、３本目の狭い路地を右に入り……」

そんなことをしている暇があったら、少しでも走ってお客様を探した方がいい、という意見もあるでしょう。

しかし、Aさんは、その時間を犠牲にして、大学ノートに経路を書き続けました。

そうです、プロのドライバーになるためでした。

さて、ここからが本番の勉強でした。

タクシードライバーの仕事は、２日勤めて１日休みというローテーションです。２日の間に経路をびっしりと書き込んだ大学ノートを手にして、公休日にマイカーで１件１件そのルートを追うようにして今一度走るのです。

もちろん、ガソリン代は自腹。そんな生活が３か月続きました。

１冊辺り裏表２００ページの大学ノートが３冊。

合計６００ページにも及ぶ、ルート表ができあがりました。

すべて、休みの日に「復習」済みですから、頭の中には名古屋市内の地図が叩き込まれています。抜け道、裏道、路地。信号、一通、主要な施設まで。

その走行距離は何千キロになったといいます。


気づくと、Aさんは、プロのタクシードライバーになっていました。

そして、大学ノートが何ものにも代えがたい宝物になっていたのです。

その苦労から3年が経った今でも、ちょっと辛いときには、ページをめくって初心に立ち返り、「まだ頑張ろう」と思うそうです。


なんでも、デジタルの時代です。

目的地へは、カーナビにセットすれば、自動的に案内してくれる。

でも、Aさんには不要です。頭の中にカーナビが入っているのです。


若いとは言えない、60歳からのスタート。

プロとは何かを追求する探究心。

誰もができそうでいて、誰もやっていないことへの飽くなき努力。

ぜひ、若い人たちに「働くということ」をAさんの生き様から考えていただきたくて、ペンを執りました。

お前の夢をここに持ってこい

まずは、ここに掲げた筆文字をご覧ください。「夢」です。

でも、どこかユニークな書体ですよね。

では、じっと見つめてみてください。ただの「夢」ではありません。

そうなんです！

「ありがとう」という「ひらがな」で、漢字の「夢」が書かれているのです。

この文字の作者は、岐阜県多治見市の杉浦誠司さん。オリジナルのアイデアで生み出されたものです。

杉浦さんは、これを「めっせー字」と名づけ、この他にも様々な漢字を「ひらがな」で書く「文字職人」という仕事をしています。

そして一年に200回以上も全国で講演する日々を送っています。

どうして、この仕事に就いたのか？　そこにはドラマがありました。


杉浦さんは三人兄弟の長男に生まれました。

幼い頃から「警察官になる」という「夢」を抱いていました。小・中学校で書いた作文でも「将来の夢は警察官」でした。

じつは、杉浦さんの両親は共に警察官。さらに、父方、母方の両方の祖父母も警察官。つまり一族6人が警察官だったのです。

父親は厳しい人で、一度も褒められた記憶がありませんでした。そんな環境で、長男として警察官になるべくまわりから期待されて育ちました。

そして本人も何の疑いもなく警察官になるものと信じこんでいました。


ところが、大学生になって心の中に一点の疑問が生じます。

ガソリンスタンド、ファーストフード店、ドラッグストアで接客・販売の仕事。駐車場の警備員や建設現場の作業員など、さまざまなアルバイトをしましたが、どの仕事も「辛い」と思ったことが一度もない。

それどころか、仕事が楽しくて仕方がない。

やがて、疑問は風船のように膨らみます。


「オレは、警察官になるものと信じていた」

「でも、警察官になって、オレはいったい何をしたいんだろう?」

「そもそも、仕事って何だろう?」


大学4年生になった時、その思いを父親にぶつけました。

「オレ、警察官になりたくない。自分の道は自分で決める」

すると、今までにないほどの剣幕で怒られました。

それでも杉浦さんの意思は変わりません。

「出て行け!」と言われ家をそのまま飛び出しました。


杉浦さんは、当日付き合っていた彼女の家に転がりこみます。気力を失くし、まるでヒモのような生活を送っていました。

実家とは音信不通のまま時がすぎ、一年が経ったある日のことです。

母親から「そろそろ帰ってこないか」と連絡が入りました。

父親に顔を合わせるなり殴られると思ったら……こう言われがく然とします。

「好きにすればいい。**だが、お前の『夢』はいったい何だ？**」


自分の道は自分で決める、と大見得を切ったのにもかかわらず、答えられませんでした。

そして、さらに「『夢』を持ってこい！」と言われました。

悔しいけれど、答えられない自分がそこにいました。

その場から逃げ出したい一心で「明日、『夢』持ってくるわ！」と言い返していました。

何の当てもなく。


さて、次の日の朝のことです。新聞の朝刊を広げると折り込みチラシの一枚にあった文字が目に飛び込んできました。

「あなたの夢、ここにあります」

それは家電量販店の社員募集のキャッチコピーでした。苦しまぎれだったのかもしれません。でも、その言葉に運命的なものを感じ、すぐに父親に見せに行き、言いました。

「オレの夢はこれだ！」と。

「じゃあ、やれよ」とぽつり。

杉浦さんは「なんで理由も聞かないんだ」と腹が立ちました。

「夢」がないのにもかかわらず、ただ警察官になりたくないという自分。

「夢」はないけれど、「どこかに」「何か」やりたいことがあるのではないかとかいう焦りと苛立ち。でも、父親にうまく伝えられない……。


しかし、そこから杉浦さんの快進撃が始まります。あのチラシの家電量販店に就職し、バンバン売りまくりました。

きわめて歩合給の多い賃金体系だったので『お金』がどんどん入ってきました。

その後、学習塾の講師、ドラッグストアの店長、損害保険のセールスと職を変わるも、どれも上手く行きます。

結婚もして家庭を持ち、仲間と保険代理店を起業。まさしく順風満帆でした。

ところがある日を境に、杉浦さんは奈落の底に落ちることになります。

父親に、生まれて初めて褒められた

社会人になって初めての挫折が、杉浦さんに訪れました。仲間と始めた会社が倒産したのです。すべて杉浦さんが責任を取り、多額の借金を背負うことになります。

当時、子どもが生まれたばかり。これからの生活もままなりません。こんなときは、「夫婦で力を合わせて」乗り切るところなのでしょう。ところが、奥さんの母親が重い病気にかかってしまいます。杉浦さんは泊まり込みで母親の看病に行くように勧めました。

そのあいだ、子どもの面倒もみなくてはならず、ますます身動きが取れなくなりました。

でも、杉浦さんはどんなに苦しくても、一つ、心に命じていることがありました。

それは「感謝」です。

さまざまな仕事をしてきて、どの仕事も楽しかった。でも、気の合わない人と付き合わなければならない時もありました。仕事が上手く運ばないこともありました。

そんなときでも、「すべてのことに感謝しよう！」と心がけてきました。

疲労と睡眠不足で、布団の中でうつらうつらとしていたとき、それは起きました。父親に言われて、考え続けてきたこと。

「オレの夢って何だろう？」

その「夢」と、いつも心に命じている「感謝」……そう「ありがとう」が心のなかでリンクしたのでした。

杉浦さんは、パッと起きあがりペンを握りました。そして、机の上にあったメモ用紙に「夢」と「ありがとう」を走り書きしました。

再び、バタンと倒れるようにして眠りにつき、再び目が覚めたと同時に二つの文字をにらみ続けました。

そして、完成したのが冒頭の「ひらがな」で書いた漢字の「夢」でした。

「めっせー字」が誕生した瞬間です。

杉浦さんは、この「夢」という一字の誕生をきっかけにして、「文字職人」という仕事を始めます。講演家の中村文昭さんや事業家の大嶋啓介さんの応援を受け、「めっせー字」の作品の色紙やTシャツを販売できるようになりました。

路上や舞台でのパフォーマンス、さらに学校や企業での講演と活躍の幅はさらに広がりました。

以前はお金を稼ぎに稼いでいました。じつは、杉浦さんはそのお金を家庭には少ししか入れず、好き勝手に遊びに使っていました。

それが原因で奥さんともケンカが絶えなかったといいます。

「文字職人」として再び仕事を始めるようになったとき、奥さんは杉浦さんに言いました。

「あなた、やっと元に戻ったね」と。

そのとき、杉浦さんは気づきました。ようやく。

長いこと、「オレの夢って何だろう?」と追い求めてきたことへの答えです。

いっとき、たくさんお金を稼いでいた。

お金を手にすると、もっともっと欲しくなる。

奥さんのこと、両親のこと、友人のことに対する「感謝」を忘れて、自分が楽しいことばかり考えていた。杉浦さんは言います。

「誰のために、人のために、という気持ちが欠けていたのです」

杉浦さんは気づきます。好き勝手なことばかりやってきた自分を赦してくれるだけでなく、ダメな自分を信じてくれている奥さんがそばにいる。

「この人を幸せにしよう」と心に誓いました。


そして月日が流れました。いまでは、杉浦さんは全国の小中学校から招かれ、講演から講演の旅を続けています。

そんなある日、ある警察署から「暴走族の解散式」での講演会を依頼されました。グループの解散を自ら宣言し、代表者（総長）が署名するという式です。そこで杉浦さんは、自分の体験談を元にして、「過去は変えられないが、未来は変えられる」という趣旨の話をしました。


会場には暴走族の親御さんたちも参列しています。そのなかで、ついさっきまで「族」

だった青年たちに筆ペンを渡して、あの「夢」の一文字を書いてもらいます。

そこには、

「お父さん、お母さん、ありがとう」

「これから『夢』を見つけて頑張ります」

という誓いの意味があります。


それは、杉浦さんの父親が警察官を定年で退職する最後の年のことでした。杉浦さんは、父親を解散式に招待していました。

式が終わって二人は顔を合わせました。いろいろ講演内容について、ダメ出しされました。でも最後にポツリと。

「ええことやっとるな～」

警察官にはなれなかった。なれなかったけれど、杉浦さんは「夢」を見つけました。

それは、大勢の人たちに希望を与えて元気にするという「夢」です。

実際に、病気の人、引きこもりの人、悩んで前に進めない人たちが、新しい一歩を踏み出す「力」になっています。

杉浦誠司公式ホームページ　http://yume-arigatou.com/

杉浦誠司「めっせー字」展覧会

いっしょうけんめい

やさしい

あきらめない

みのるほどこうべをたれる

「内緒にしてください！」

人に親切にしたり、物をあげたりすることは「良いこと」です。

でも、それが押しつけであったり、おせっかい過ぎたりすると不愉快な思いをさせたりすることになりかねません。

たとえば、親戚の農家からイチゴをたくさん送ってきた。とても家族だけでは食べられないほどの量だった。ＪＡを通して売られているものではないので、粒が揃っておらず規格外。見てくれは悪いけれど、農薬を最小限にしか使わずに育てた安心できるイチゴです。早く食べないと腐ってしまいます。そこでご近所に「いただき物なので食べてくださ い」と言って持っていく。相手は喜んで受け取ってくれました。

ところがです。ひょっとすると、こんなふうに思われているかもしれません。

「こんな見栄えの悪いイチゴを持ってきて失礼しちゃうわ」とか、

「私はイチゴは嫌いなのよね」はたまた、

「食べきれないからと余り物を持ってくるなんて、恵んでいるつもりなのかしら。うちは乞食じゃないのよ」

人に物をあげるという単純なことですら、なかなか難しいものです。

指圧マッサージの治療院を営んでいる先生から聞いた話です。

ある日、常連の女性の患者さんから施術後に、「頼みを聞いていただけませんか？」と真顔で相談を受けました。彼女は大きな病院で、看護師の仕事をしています。

「友達が難病にかかってしまったんです。うちの病院で治療を受けているのですが、治る見込みはありません。だんだんと、身体が衰えていき、相当辛いようなのです。身体がだるくて仕方がない。いずれは入院しなくてはならない。でも、私には何もしてあげられない。先生に、友達のマッサージをしてあげていただけないでしょうか」

先生は、「わかりました。できるかぎり一生懸命務めさせていただきます」と、喜んで引き受けました。

しばらくして、彼女が友達に付き添ってやってきました。

「今日の治療費は私が払うから。とっても上手な先生だから、まず一度だけでも」

と言って、無理やり引っ張ってきたというのです。

病気は治せないかもしれないけれども、せめて身体のだるさだけでも取ってあげたいという一心で。先生は、その様子を見て、特別丁寧に施術をしました。

その翌日のことです。看護師をしている患者さんの方から電話がありました。

「おかげさまで、彼女は嘘のように身体が軽くなったと言っています。おせっかいとは思いましたが、やっぱりお願いしてよかったです。これから、週に一回くらい通わせようと思うのですが、先生に一つお願いがあるのです」

「何でしょうか」

「お芝居を打っていただきたいのです。いえ、芝居というか方便を……」

「え？　方便……」

と聞き返すと、それはこんな話でした。

「彼女は仕事も辞めてしまったので、体調の良いときにアルバイトをして生活をしています。難病治療のためのお金もかかります。生活するのも四苦八苦なんです。

それで私は、彼女に嘘をついてしまいました。

『あそこの治療院は40分で2千円と良心的なの。効き目があったのなら通いなさいよ』

と」

先生はとまどいました。診療費は40分で4千円だったからです。

「どういうことですか？」

「私が半額の2千円を支払います。彼女には内緒で。だから、彼女からは、2千円だということにして受け取っていただけないでしょうか」

と頼まれました。

「本当は、全額支払ってもかまわないんです。でも……」

「それでは遠慮されてしまう、と思われたのですね」

「はい、どうしたら友達の心に負担なく通ってもらえるだろう……と考えて」

幸いその治療院では、診療費の金額を壁に貼っていません。また、すべて予約制で施術と施術の間に先生の休憩の時間を取ってあるため、他の患者さんと顔をあわせることもない。だから、「じつは4千円だ」ということもばれる恐れはないのです。

先生は、友達思いなことに感激して申し出を承諾しました。

さらにその気持ちに応えるべく、40分のところを特に念入りに一時間くらいマッサージをして差しあげたそうです。

「この話をぜひ多くの皆さんに伝えたい」

そう思ってペンを執り、書き始めたところで、ハッとしました。

ちょっと待てよ。「40分で2千円」なんて、いくらなんでも安すぎる。

ちょっと考えたら、誰でも「おかしいな」と思うのではないか。

そうだ。きっとそうにちがいない。

難病に罹っている女性は、はっきりではないにしても、友達と先生の好意に薄々感づいているのではないかと。

じつは、そのことを全部承知で、友達の好意に甘えているのではないだろうか。

親切をするのは、もちろん良いことです。でも、親切がすぎると「おせっかい」になってしまう。かといって、相手が遠慮しているだけかもしれません。

「おせっかい」と承知し、ある程度迷惑がられることを覚悟しないと、親切はできません。

与えること、施すことは実に難しいものです。

ついつい、上から目線になってしまうからです。

「与えてやる」「施してやる」という傲慢《ごうまん》な気持ちが少しでもあると、受け取る人はわずかながらでも、不快な気持ちを覚えてしまうものです。

全額ではなく、半分だけ支払う。そして、先生に方便を頼む。

先生は、その方便を受け入れる。友達は、方便を承知して受け入れる。

親切をする人、される人の、互いを「思いやりの心」が深く深く沁《し》みるお話です。

もっと「いい話」を読みたい方へ

この本は月刊紙「プチ紳士からの手紙」に連載中の「心にビタミンいい話」から選り抜いて一冊にまとめたものです。

月刊紙のご購読については、「プチ紳士・プチ淑女を探せ！」運動のホームページにアクセスしてください。

また、「プチ紳士運動」が主催する「たった一言で」コンテストの歴代入選作品や過去に配信した「Give & Giveメルマガ」など数多くの「いい話」も無料でご覧いただけます。

HP：http://www.giveandgive.com/

文庫ぎんが堂

眠る前5分で読める
心がスーッと軽くなるいい話

2019年2月20日　第1刷発行
2019年3月22日　第2刷発行

著者　志賀内泰弘
イラスト　ねこまき（ミューズワーク）
ブックデザイン　タカハシデザイン室
編集　安田薫子
本文DTP　小林寛子

発行人　北畠夏影
発行所　株式会社イースト・プレス
〒101-0051　東京都千代田区神田神保町2-4-7　久月神田ビル
TEL　03-5213-4700　FAX　03-5213-4701
http://www.eastpress.co.jp/
印刷所　中央精版印刷株式会社

ISBN978-4-7816-7179-6